SIMONE KERN

Mein Garten summt!

EIN PLATZ FÜR BIENEN, SCHMETTERLINGE UND HUMMELN

KOSMOS

INHALT

Mit diesen Stauden ist ein Paradies für Insekten garantiert: Nachviole, Fingerhut, Akelei, aber vor allem Wilde Möhre, Wiesenraute und die Purpur-Kratzdistel sind beliebte Bienenweiden.

MIT DER NATUR VERBUNDEN

Zu meinen schönsten Jugenderinnerungen zählen die Ferien, die ich oft bei meiner Großmutter im Allgäu verbrachte. Wir Kinder waren viel draußen in der Natur. Sie war für uns ein einziger großer Abenteuerspielplatz. Auf den Wiesen und in den Wäldern, an den Bächen und Tümpeln mit ihrer reichen Pflanzen- und Tierwelt gab es unendlich viel zu entdecken. Ob wir mit bloßen Händen Grashüpfer gefangen haben, ohne sie zu verletzen, oder kräftige, krabbelnde Maikäfer in der hohlen Hand gehalten haben: Stets hielt uns etwas in Atem und erforderte Geschicklichkeit und Mut.

Aus der Kaulquappe soll einmal ein Frosch, aus der fetten Raupe einmal ein bunter Schmetterling werden? Wir Kinder kamen aus dem Staunen überhaupt nicht mehr heraus. Besonders eifrig aber waren wir dabei, wenn wir auf den Wiesen wilde Blumen für die traditionellen Blumenteppiche zum Fronleichnamsfest sammeln durften.

Heute lebe ich im Allgäu und muss feststellen, dass es in Gärten, ja es selbst in Städten mehr Blumen und Insekten gibt als in der freien Landschaft, wo für uns vor dreißig Jahren noch Natur war. Kürzlich bestätigte mir ein bekannter Tierfotograf, dass es immer schwieriger wird, selbst Zitronenfalter oder Wildbienen in ihren natürlichen Lebensräumen zu finden, da in den letzten Jahren nicht nur ökologische Nischen einzelner Arten, sondern ganze Ökosysteme der Industrialisierung der Landwirtschaft und der zunehmenden Bodenversiegelung zum Opfer gefallen sind. Und das ist nicht nur in Deutschland so: Auf der ganzen Welt haben Artenvielfalt und Biodiversität dramatisch abgenommen.

Doch es gibt auch Lichtblicke. Wie mir meine berufliche Praxis als Landschaftsarchitektin zeigt, wünschen sich immer mehr Menschen nicht bloß „schön“ gestaltete Gärten, sondern wollen – zum Beispiel durch die gezielte Auswahl geeigneter Pflanzenarten – bewusst etwas für Tiere tun. So wird der eigene Garten als Biotop gefährdeter Arten zugleich zum sinnstiftenden Lebens- und Erlebnisraum.

Inzwischen sind es längst nicht mehr nur Einzelne, die ihren Beitrag zum Artenschutz leisten. Es ist ermutigend zu sehen, dass auch schon manch kleine und große Kommune die Notwendigkeit erkannt hat, bisher nutzlose grüne Rasenflächen in bunte Wiesen zu verwandeln. Damit wird nicht nur gefährdeten Pflanzen und Tieren Zuflucht geboten, sondern zugleich etwas für das Wohl der Bürger getan, indem man ihnen nahebringt, was es draußen kaum mehr gibt. Und so ist es schön zu sehen, dass sie wieder kommen, die wilden Ecken, die naturhaften Gärten oder bunten Wiesenflächen – und damit auch die Insekten.

Simone Kern

NATUR ZULASSEN

— auch in der Stadt

Eine arten- und blütenreiche Bepflanzung mitten in der Stadt – gut für Mensch und Tier

BIENEN IN DER STADT

Wenn man von Bienen spricht, dann ist meist die Honigbiene gemeint. Dass über diese Insekten wieder stark berichtet wird, ist ein Fortschritt, denn sie schienen aus dem Fokus geraten zu sein.

BIENENHALTUNG

Die Entwicklung der Staaten bildenden Honigbiene, auch Imme genannt, ist sehr eng mit der Geschichte der Menschheit verbunden. Neben ihrer wichtigsten Funktion – der Bestäubung von Pflanzen – liefert sie weltweit seit Tausenden von Jahren den Menschen wertvollen, süßen Honig und Bienenwachs. Wilde Honigbienen bauten ursprünglich ihren Bienenstock in hohle Bäume, welche von speziellen Honigsammlern, den Zeitlern, beerntet wurden. Diese Arbeit war mühsam und sehr gefährlich, da die Sammler oft weit hinauf in Bäume klettern mussten. Es gibt auch heute noch Regionen in der Türkei oder Rumänien, wo diese natürliche, aber zugleich lebensbedrohliche Form der Honigsuche praktiziert wird. Um die Honigernte sicherer und einfacher zu machen, holte der Mensch die Biene zu sich: Zunächst wurden hohle, von Bienen besiedelte Holzstämme in den Garten gestellt, die sogenannte Klotzbeute. Später entwickelten die Menschen die so oft in alten Büchern gezeigten geflochtenen Bienenkörbe. Allein die Häufigkeit dieser Darstellungen dokumentiert die Wichtigkeit der Imkerei und Honiggewinnung. Heute werden Bienen in Kästen, sogenannten Magazinen gehalten. Es gibt verschiedenste Systeme, aber im Vergleich zu früher sind alle deutlich einfacher zu handhaben und vor allem auch für die Immen schonender. Dank dieser Systeme halten die Bienen nun auch Einzug in die Städte.

Bienenkästen auf einer städtischen Wiese

MEHR INSEKTEN

Honigbienen sind inzwischen Synonym für Insekten, die wahrgenommen werden und über die berichtet wird. Aber nicht nur die fleißige Honigbiene darf Beachtung finden, sondern auch all die anderen Insekten, die für das Gleichgewicht zwischen Flora und Fauna so wichtig sind: Hummeln, die schon besonders früh im Jahr ausfliegen, all die vielen, ganz unterschiedlichen Wildbienen, die meist als Solitärbienen leben. Und nicht zu vergessen der Sympathieträger Schmetterling. Das ist nur die winzige Spitze eines riesigen Insekten-Eisberges. Seit sich nun viele Kommunen von der einjährigen und kostenintensiven Wechselpflanzung gelöst haben, siedeln sich langsam wieder verschiedenste Insektenarten in den Städten an. Und immer mehr Flächen werden mit attraktiven, teils auch heimischen Stauden bepflanzt. Damit wird der Gemeindeetat geschont. Dieses Konzept ist nachhaltig und unterstützt Insekten.
Aber nicht nur auf kommunalen Flächen ändert sich etwas, auch die Bewohner selbst wollen vermehrt aktiv etwas für eine Verbesserung ihrer städtischen Umwelt tun. So fördern verschiedenste Projekte engagierter Bürger und Vereine ganz speziell die Insektenwelt in Großstädten.

Gibt es auch in der Stadt: Zitronenfalter an heimischem Ziest

INSEKTENSCHUTZ – EIN POLITISCHES STATEMENT

Insekten zählen zu den wichtigsten Bewohnern unseres Planeten. Dass sie weniger robust und widerstandsfähig sind, als man denkt, zeigt der massive Rückgang einzelner Arten.

Der Grund für den Rückgang vieler Insektenpopulationen liegt darin, dass wir Menschen mit der immer stärkeren Beanspruchung der Landschaft – sei es durch rege Bautätigkeiten und Landnutzung, unbedachten Einsatz giftiger Substanzen, die intensive Landwirtschaft oder Luftverunreinigungen und der damit einhergehenden Klimaerwärmung – wichtige Lebensräume für Insekten beeinträchtigen oder sogar zerstört haben.

Es ist sehr schwer aufzuzeigen, wie der Artenschwund tatsächlich verläuft. Um eine repräsentative Aussage treffen zu können, müssen die Daten über einen langen Zeitraum und auch große Flächen erhoben werden. So gibt es ein Tagfalter-Monitoring, bei dem über die gesamte Bundesrepublik von ehrenamtlich arbeitenden Bürgern Falter gezählt und Daten erfasst werden. Danach gelten heute schon 80 % der Tagfalter in Deutschland als gefährdet. In Nordrhein-Westfalen wurden seit 2001 Insekten untersucht und gezählt. Nach 15 Jahren lagen die Ergebnisse vor: Mehr als 60 % der dort einst ansässigen Hummelarten sind ausgestorben. Doch nicht nur einzelne Arten verschwinden, sondern auch die Gesamt-Biomasse von Fluginsekten ist in den letzten 30 Jahren um 80 % zurückgegangen (Krefelder Studie). Wissenschaftler wie monetär ausgelegte Interessenverbände beginnen, sich über Leistungen der Insektenwelt Gedanken zu machen. So konnte man im Spiegel-Magazin schon 2006 lesen, dass US-Forscher ausgerechnet haben, wie quantitativ wertvoll die Arbeit der Insekten alleine in den USA ist, nämlich ein Wert von 57 Milliarden Dollar. Und noch ein paar Zahlen: 80 % aller Pflanzen sind auf Bestäuber angewiesen, die Wertschöpfung allein der Honigbiene in Deutschland beläuft sich auf fast 4 Milliarden Euro, was diese somit zum drittwichtigsten Tier nach Rind und Schwein macht, noch vor Hühnern. Die Honigbiene hat inzwischen eine starke Lobby, sogar Politiker thematisieren das Bienensterben. Doch wo bleiben die Fürsprecher für Schwebfliege, Ameise oder Holzbock? Insekten zu schützen ist eine überlebensnotwendige Grundlage für uns und unseren Planeten.

SYNERGIEN – ALLES HAT SEINEN SINN

Vor rund 120 Millionen Jahren entwickelten sich Insekten gleichzeitig mit den Blütenpflanzen, was kein Zufall war. Denn die Bestäubung dieser Pflanzen ist eine grundsätz-

Auch Raps-Monokulturen müssen bestäubt werden.

Honigbiene besucht und befruchtet eine Apfelblüte.

Gehören zusammen: Blütenpflanze und Wildbiene

liche Voraussetzung für deren Befruchtung, der Samenbildung und somit für die Vermehrung. Bis zu 94 % aller Blütenpflanzen sind auf eine Fremdbestäubung durch Tiere angewiesen. Und ohne die parallele Entwicklung blütenbesuchender Insekten hätte die üppige Entstehung der Arten nicht stattfinden können. Diese Abhängigkeit war eine entscheidende Verknüpfung, eine sogenannte Koevolution.

Das war der Anfang und bis zum heutigen Tag funktioniert diese Synergie, zumindest gerade noch.

ENDLICH – EINE WELT OHNE KRABBELN?

Es ist noch gar nicht so lange her, da war es für einen Autofahrer Normalität, bei den Tankpausen zugleich die Windschutzscheibe von vielen durch die Fahrt getöteten Insekten mühsam zu reinigen. An keiner Tankstelle fehlte das kleine, feste Schwämmchen, mit dem man die Flecken wegrubbeln konnte. Oder man musste beim Grillen auf der Terrasse hektische Wespen und anderes Getier verscheuchen. Diese Bilder sind – zumindest im Moment – Vergangenheit. Man könnte jetzt natürlich sagen: Das schadet nicht, endlich muss ich nicht mehr putzen oder genervt den Tisch verlassen. Aber was bedeutet eine Erde ohne Insekten? Man könnte es kurz fassen mit dem Satz, der Albert Einstein in den Mund gelegt wird: „Wenn die Biene einmal von der Erde verschwindet, hat der Mensch nur noch vier Jahre zu leben. Keine Bienen mehr, keine Bestäubung mehr, keine Pflanzen mehr, keine Tiere mehr, kein Mensch mehr." Keine gute Idee also, sich über den Rückgang der Insekten zu freuen.

So schwer es einem vielleicht fällt, aber wir dürfen nicht selektiv unsere Sympathien verteilen – alle Insekten sind wichtig! Der wunderschöne Falter, der darf bleiben, die lästige Ameise oder angsteinflößende Hornisse soll lieber verschwinden? Das funktioniert nicht. Je mehr man sich mit diesen Tieren beschäftigt, desto weniger werden sie zum „Problem". Man beginnt sich in sie hineinzuversetzen und auch zu verstehen. Ein Beispiel: In einem Hinterhof in Münchens Innenstadt hat ein Wilder Wein eine Hauswand erklommen. Dies sieht schön aus und im August, wenn er blüht, tummeln sich dort Tausende von Honig- und Wildbienen. Es ist Sommer in der Stadt, heiß und stickig. Also öffnen die Anwohner die Fenster. Und natürlich verirrt sich die eine oder andere Biene auch durch ein offenes Fenster in das Gebäude. Genau genommen mag das die Biene gar nicht, sie ist nur daran interessiert, so schnell wie möglich mit ihrem geernteten Pollenschatz, den sie bei sich trägt, zur Brut zurückzufliegen. Aber auch eine Biene ist nicht perfekt und kann sich kurz verfliegen, beispielsweise in das Haus. Gleichzeitig entsteht in dem Gebäude höchste Aufregung: Bienen am Arbeitsplatz! Was kann man tun, wie kann man sich schützen? Und dabei möchte die Biene nur umgehend in ihren Stock zurückfliegen. Die Lösung: der Biene nicht den Weg versperren, sie nicht provozieren. Sie wird nach einer Weile von selbst und gerne ihren Heimweg antreten. Wissen um das Verhalten von Insekten – hier exemplarisch der Bienen – hilft.

So harmlos Hornissen auch sind, lösen sie bei vielen Menschen oft Ängste aus.

Raupen an ihrer Futterpflanze. Sie sind keine Schädlinge, sondern werden zu Schmetterlingen.

Nektarreicher Schmetterlingsflieder ist im Sommer ein Garant für Insektenbesucher, hier ein Tagpfauenauge.

ANEINANDER GEKETTET

Nahrungsketten und -kreisläufe stellen schlechthin den lebensnotwendigen Energie- und Stofffluss in Ökosystemen dar. Diese können linear, vernetzt oder geschlossen sein. In all diesen Abhängigkeiten spielen Insekten eine zentrale Rolle. Am Anfang dieser Zusammenhänge stehen im Normalfall die Pflanzen, der Produzent. Und nun kommen die Insekten ins Spiel, die hier als Pflanzenfresser auftreten. Diese werden dann von den Sekundärkonsumenten verspeist. Eine solche Kette könnte sein: die Große Brennnessel als Schmetterlingsfutterpflanze – Hunderte von Raupen des Tagpfauenauges fressen die Blätter – die Raupen dienen andererseits Singvögeln als Nahrung, vor allem in der Brutzeit – kleinere Vögel werden dann von Greifvögeln gefasst.

Etwas komplizierter ist ein vernetztes System. Auch hier steht wiederum die Pflanze am Anfang: ein Nektar- und Pollenspender, zum Beispiel ein blühender Kirschbaum. Die Pollen dieser Blüten werden von Bienen geerntet, da sie diese für ihre Brut benötigen. Zugleich werden die Blüten bestäubt und befruchtet, so dass sich nach einigen Wochen die Frucht, die Kirsche, entwickelt. Wenn alles gut gegangen ist, kann der Gartenbesitzer seine reifen Kirschen ernten. Ohne Bestäuberleistung der Bienen wären keine Früchte entstanden. Doch damit nicht genug: Fällt die eine oder andere Frucht auf den Boden, entwickelt sich aus dem Kirschkern, dem befruchteten Samen, ein neuer Kirschbaum, welcher nach Jahren vielen Insekten als Nahrungsquelle dienen wird. Die Insekten hingegen werden von Vögeln verzehrt, welche wiederum Fleisch- oder Allesfressern wie dem Marder als Nahrung dienen. Aber auch solch ein Marder segnet einmal das Zeitliche. Eine Fliege wird den Toten finden und ihre Eier legen. Die sich daraus entwickelnden Maden fressen zusammen mit Ameisen in kürzester Zeit den Kadaver auf. Hygienischer geht es nicht. Und natürlich sterben auch Insekten und setzen den Böden so wertvolle Stoffe für die Bodenfruchtbarkeit zu. Fällt das Insekt, zum Beispiel durch starken Pestizideinsatz, als Glied dieser Verkettungen aus, werden die nachfolgenden Kettenglieder wie Vögel ein Nahrungsdefizit haben und sind in ihrer Entwicklung massiv gestört. An diesen sehr vereinfachten Beispielen wird klar, welch elementare Rolle Insekten auf der Erde zukommt.

ZUSAMMENHÄNGE ERKENNEN

Wenn wir um die Beziehungen zwischen Hautflüglern und Blütenpflanzen wissen, können wir dieses Wissen gezielt einsetzen. Davon profitieren Pflanzen, Insekten und Menschen.

VOM EI ZUM FERTIGEN SCHMETTERLING

Wegen ihres harten Chitinpanzers können viele Insekten nicht wachsen. Deshalb durchlaufen sie unterschiedliche Stadien. Insekten müssen sich immer wieder häuten, denn kurz nach der Häutung ist die Körperhülle noch weich, nur dann wird das Insekt größer, bis sein Panzer sich wieder verfestigt. Am Anfang steht das befruchtete Insektenei, aus dem die Larve schlüpft. Diese werden sich bis zur nächsten Umwandlung je nach Art noch zwei- bis zehnmal häuten.

Eine der faszinierendsten Entwicklungen können wir bei Schmetterlingen beobachten. Schon die Eier von Schmetterlingen sind eine Betrachtung wert. Da gibt es eine unglaubliche Formen- und Farbenvielfalt, von rund bis länglich, mit feinen Mustern überzogen. Manche sind grün, andere wiederum gelb oder rötlich. Die einen kleben einzeln an Blättern, die anderen zu Hunderten als Gelege. Die meisten sind von dem Schmetterlingsweibchen schon auf die richtige Futterpflanze abgelegt worden, damit die geschlüpften Larven, die Raupen, sich gleich durchfressen können.

Die meisten Schmetterlingsraupen können es zwar nicht mit der Schönheit des fertigen Schmetterlings aufnehmen, aber sie beeindrucken in ihrer Unterschiedlichkeit: grell bunt oder perfekt getarnt, mit glatter Haut oder völlig behaart. Die Raupen sind für den Entwicklungsprozess das wichtigste Stadium, das „Fressstadium", denn in dieser Phase wächst das Tier. Es gibt Schmetterlingsarten, die nur als Raupe Nahrung aufnehmen. Danach nie mehr.

Anschließend kommt die eigentliche Metamorphose, die Umwandung von der Raupe in den Schmetterling. Dazu verpuppt sich das Tier. In der Puppe, die unbeweglich ist, entwickelt sich der Schmetterling. Diese Puppen

SIND BIENEN GEFÄHRLICH?

Alle – und zwar wirklich alle – Wildbienen sind sehr friedfertig. Honigbienen und weibliche Hummeln können zwar stechen, wobei sie dies nur tun, wenn sie sich bedroht fühlen.

Schwalbenschwanz-Raupe auf Futterpflanze

In der Puppe entwickelt sich der Schmetterling.

Nach dem Schlupf ist der Falter leicht angreifbar.

Fertiger Schwalbenschwanz vor dem Abflug

01

02

haben eine pergamentartige Schutzhülle. Schmetterlingskokons, in deren Inneren die letzte Häutung der Raupe zur Puppe stattfindet, bestehen aus einem einzigen meterlangen, feinen Faden, der von der Raupe gewickelt wurde. Berühmtestes Beispiel ist der Kokon des Seidenspinners, der kostbare Seide liefert. Die Puppenruhe beträgt meist zwischen zwei und vier Wochen, bis der schöne, fertige Schmetterling sich entfaltet.

POLLENSTATION UND NEKTARTANKSTELLE

Wildbienen fliegen von Blüte zu Blüte, um den für ihre Brut so wichtigen Pollen zu sammeln. Wildbienen sind zudem sehr speziell: Ähnlich wie bei Raupenfutterpflanzen frisst deren Brut nur Pollen „ihrer" Pflanzengattung. Grundsätzlich geht es blütenbesuchenden Insekten nicht um Bestäubung, doch für die Pflanze ist diese überlebensnotwendig. Die Blüten der höher entwickelten Pflanzen bestehen unter anderem aus Staubbeuteln, die den Pollen enthalten, und einer oder mehrerer Narben, welche mit Pollen, am besten von einer anderen Blüte, bestäubt und damit befruchtet werden müssen. Erst dadurch können Samen entstehen.

PFLANZENTRICKS

Damit diese Befruchtung auch wirklich funktioniert, setzen einige Pflanzen wie Rosengewächse auf Masse – mit einem immensen Pollenangebot. Man kann sie zu Recht als Pollenblüten bezeichnen. Eine Hummel ist nach einem Wildrosenblüten-Besuch voller Pollen, den sie teils bei der nächsten Blüte verliert und diese damit bestäubt.

03

Andere Blüten haben ihre Staubbeutel so platziert, dass sich der Bestäuber daran vorbeidrücken muss. Ganz raffiniert machen es Lippenblütler wie der Salbei: Kriecht eine Wildbiene tief in die Blüte, um Pollen und auch Nektar zu ernten, löst sie einen Hebelmechanismus aus – und bekommt eine Pollenportion „hinten drauf".

NEKTARQUELLEN

Neben dem proteinreichen Pollen bieten viele Blütenpflanzen auch noch süßen, zuckerhaltigen Nektar an, welcher in besonderen Drüsen, den Nektarien, entsteht. Dieser Nektar schafft einen zusätzlichen Anreiz für Insekten eine Blüte zu besuchen. Bei manchen kann der Nektar ohne große Umstände verköstigt werden, doch manchmal müssen Insekten den Blüten im wahrsten Sinne auf den Grund gehen. Dies ist bei Korbblütlern der Fall. Für Schmetterlinge mit ihrem langen Saugrüssel ist dies eine ihrer einfachsten Übungen. Bei Blüten wie der Akelei befindet sich der Zuckersaft in deren Spornen. Da müssen Bienen und Co. schon sehr weit in die Blüte vordringen, aber bei all diesen Verrenkungen ist eine Bestäubung garantiert. Übrigens: So dumm sind Wildbienen nun auch wieder nicht. Vor allem einige Hummeln knabbern von außen die Blütensporne an und kommen somit direkt an die Zuckerquelle.

01 Ein Kohlweißling saugt mit seinem langen Rüssel Nektar aus einer Salbeiblüte.

02 Eine Hummel beißt zur Nektarernte ein Loch in den Blütensporn einer Akelei.

03 Taubnesselblüten (oben) sind typische Hummelblumen. Eine Hummel „badet" in pollenreicher Rosenblüte (unten).

STADTGÄRTEN FÜR INSEKTEN

— *bunt statt grau*

GÄRTEN IN DER STADT

Gärten existieren genauso lange, wie es Siedlungen gibt. War der Platz vorhanden, gehörte zu einem Haus auch ein Gärtchen. Zudem wurden Gemüse- und Obstparzellen angelegt.

Mit dem Wachstum von Ballungsräumen und der Technisierung unseres urbanen Umfeldes bekommt die Stadt eine neue, unwirtliche Qualität, wie es Alexander Mitscherlich in „Die Unwirtlichkeit unserer Städte" formulierte. Je stärker auch noch das letzte grüne Eckchen zerstört wird, desto mehr nimmt das Unbehagen bei den Bewohnern zu, aber auch die Sehnsucht nach Natur. Viele Menschen in der Stadt erkennen für sich, dass ihnen etwas fehlt: nämlich der Bezug zu ihrer Umgebung, zu den natürlichen Kreisläufen und Zusammenhängen, die Möglichkeit, Natur zu beobachten, zu fühlen, zu schmecken, sie aber auch selbst mitzugestalten. In Großstädten heute einen eigenen Garten zu besitzen, ist ein großer Luxus. Schon ein Balkon ist nicht selbstverständlich. Aber auch Städter wollen und sollen nicht auf Blumen, Gemüse oder Tiere verzichten.

URBAN GARDENING

Mit Urban Gardening kehrt der Garten in die Stadt zurück. Das ist gut für die Tierwelt und gut für die Stadtbewohner. Früher fand man Gärten in den Städten vor allem in Form von Kleingartenparzellen oder Schrebergärten, die heute eine regelrechte Renaissance erleben. In Großstädten gibt es lange Wartelisten für Mieter- oder Schrebergärten. Urban Gardening oder noch stärker Guerilla Gardening ist eine „grüne" Protestkultur, die mit Saatbomben Brachland in Bienenweiden verwandelt oder Baumscheiben zu blühenden Blumeninseln macht. Doch geht die Idee dieses neuen städtischen Gärtnerns noch weiter: Neben dem Sammeln ökologischer Erfahrungen und Zusammenhänge liegt ein bedeutsamer Schwerpunkt bei gemeinsamen Aktionen, die das Zusammenleben in der Stadt, im

Kräuter als Dachbegrünung sind beste Bienenweiden.

Bezirk stärken sollen – auch interkulturell. Und wo es sinnvoll ist, wachsen nicht nur bunte Blumen, sondern es werden auch Gemüse und Obst angebaut, Bienen gehalten: Lebensmittel-Souveränität statt Abhängigkeit. Urbane Gartengestaltung soll sinnstiftend sein.

LANDFLUCHT DER BIENEN

Bienen halten Einzug in die Städte. Über den Dächern von Berlin summt es inzwischen dank 550 Züchtern, aber auch in Köln und Hamburg laufen viele Projekte zur Stadtimkerei. Bienensterben und Meldungen über den Verlust von Bienen-Lebensräumen haben viele Menschen in den Städten zum Handeln motiviert. Denn paradoxerweise sind inzwischen die Städte oft größere Bienenparadiese als das Land, wo die Kleinstrukturen fehlen. Parks und Hausgärten, extensiv bewirtschaftete Grünflächen, bieten Insekten ein wahres Füllhorn an Nahrung. Für den Laien erstaunlich, aber bei der Analyse von Stadthonig war die Belastung durch Schadstoffe sogar oft geringer als bei manchem Landhonig. Honigernte in der City liegt im Trend.

STADT DER EXTREME

Urban Gardening, Bienenhaltung oder ein Dachterrassen-Garten: Die extremen Standortbedingungen machen allen Stadtgärtnern zu schaffen. Denn Stadtluft macht nicht nur frei, sie ist vor allem deutlich wärmer. Das muss man bei der Pflanzenverwendung und der Anlage von Kleinbiotopen beachten. Aufgrund von Bebauung, Versiegelung und wenig Grünflächen sind die Temperaturen in Großstädten um 4 °C höher als im Umland. Was zunächst wenig dramatisch klingt, hat große Folgen – nicht nur für die Pflanzen. Es gibt viele Insekten, denen das Stadtklima schon längst zu warm geworden ist. Sie flüchten sich aufs Land. Aber mit mehr Vegetation in den Städten könnten einige Falter und Co. auch wieder zurückkehren.

Mobile Minigärten haben fast überall Platz.

NÜTZLICHES AUF DER FENSTERBANK

Im Frühling ist es wieder soweit: In großen Mengen werden farbenprächtige Balkonblumen angeboten. Bei der Bepflanzung des eigenen Balkons sind der Fantasie kaum Grenzen gesetzt.

Aber so hübsch, bunt und unterschiedlich die klassischen Balkonblumen wie Geranien, Petunien und Fuchsien auch sind, die meisten stammen aus fernen Ländern und haben zum Teil sogar sterile Blüten. Dies hat zur Folge, dass unsere heimische Insektenwelt wenig mit ihnen anfangen kann.

Aber nicht nur der Blumenschmuck an den Häusern ist oftmals steril, die Gebäude an sich auch. Gerade in Gemäuern und älteren Städten, wo die Häuser noch nicht aus Beton, Stahl und Glas erbaut sind, entdecken Insekten Lebensräume. So nisten einige der pelzigen Mauerbienen gerne – wie der Name schon sagt – in Mauern. Vor allem die Rote Mauerbiene oder die Gehörnte Mauerbiene bewohnen gerne Ritzen zwischen Mauersteinen. Beliebt sind auch Hohlräume in Lehmwänden von Fachwerkhäusern. Es wurden aber auch schon Nester in alten Fensterrahmen oder selten benutzen Türschlössern entdeckt. Einige Insekten finden ihre persönliche Wohnnische mitten in der Stadt.

Doch diese Refugien sind überflüssig, wenn die Nahrung fehlt. Anstatt die Fensterbänke mit Pflanzen zu dekorieren, die nur hübsch sind, können wir uns schon auf kleinstem Raum für eine alternative, insektenfreundliche Gestaltung entscheiden.

NATUR EN MINIATURE

Die Bepflanzung für das Fensterbrett ist je nach Besonnung auszuwählen. In schattigen Lagen sollten die Gefäße mit Bedacht bepflanzt werden. Hier kommen Liebhaber von Blattstrukturpflanzen ganz auf ihre Kosten. Schön ist eine Kombination aus heimischen Schattenstauden wie dem immergrünen Hirschzungenfarn, dem Schildfarn, dazu noch das weich überhängende Zimbelkraut und die feine Struktur eines Grases wie der Frühlingshainsimse. Gießen nicht vergessen! Ein sonniger Sims ist eine ganz andere Extremsituation: heiß und trocken. Dafür eignen sich besonders mediterrane Kräuter, womit zugleich eine wunderbare Win-win-Situation entsteht. Denn hitzeverträgliche Lippenblütler wie Rosmarin, Salbei oder Bohnenkraut sind zugleich beliebte Nektarpflanzen, vor allem für Bienen. Da diese Kleingehölze Staunässe nicht vertragen, empfiehlt es sich, sie in Tontöpfe von unterschiedlichen Größen zu setzen. Sollte einer zerbrechen, ist dies kein Unglück, man kann die Tonscherben entweder als Mini-Dränage für weitere „Hungerkünstler“ verwenden oder einen „Scherbenhaufen“ als wärmenden Unterschlupf für Insekten gestalten. Sind die Töpfe

01

02

03

groß genug, kann man im Herbst zusätzlich ein paar frühjahrsblühende Blumenzwiebeln wie die Breitblättrige Traubenhyazinthe stecken.

Balkonkästen sind natürlich das ideale Pflanzgefäß für eine Fensterbank. Im Frühling können hier direkt insektenfreundliche ein- und zweijährige Sommerblumen eingesät werden, die es als Mischung zu kaufen gibt – Bienen & Co. freuen sich vor allem im Spätsommer darüber.

Denkt man den Recycling-Gedanken weiter, kommen als Pflanzgefäße auch größere Weißblechdosen in Frage. Da sie nicht wasserdurchlässig sind, sind sie für Gewächse geeignet, die Feuchtigkeit benötigen, zum Beispiel Minzen. Was gibt es Besseres, als im Sommer frische Blätter für Marokkanischen Minztee vom eigenen Fenstersims zu ernten. Nicht alle Stängel abschneiden, die Blüten sollen ja noch den Bienen als willkommene Nahrung dienen.

Ein attraktiver Treff für Schwebfliegen sind Korbblütler wie der bei uns einjährige Koriander, Dill oder auch Wiesen-Kümmel. Diese Pflanzen können im Frühling direkt in Komposterde ausgesät werden. Warum nicht dafür eine aufgeschnittene PET-Flasche zur Anzuchtschale umfunktionieren?

01 Schwebfliegen bevorzugen die Blüten von Kreuz- und Doldenblütlern, zum Beispiel Dill.

02 Nach der Salaternte hat die bei Hummeln beliebte Kapuzinerkresse Platz.

03 Thymian, Rosmarin und Chilis vertragen Hitze und Sonne.

BUNTE BALKONE – VIELFALT AUF KLEINSTEM RAUM

Bepflanzte Dachterrassen und Balkone leisten einen bedeutenden Beitrag zur Artenvielfalt in der Stadt, sofern sie eine hohe Strukturvielfalt und ein breites Pflanzenangebot haben.

EIN PARADIES FÜR BIENEN & CO.

VERTICAL GARDENING

Kein Balkon, keine Terrasse ist zu klein, als dass es nicht möglich wäre, vielfältige Materialien so einzusetzen, dass sie auch bei wenig Platz spannend aussehen und zugleich der Tierwelt nützen. Je kleiner die Fläche ist, desto mehr sollte man in Stockwerken arbeiten und die Vertikale als zusätzliche „Begrünungsfront“ miteinbeziehen. Weidenflechtzäune oder Schilfmatten sind ein hervorragender Sicht- und Windschutz für exponierte Situationen und können zusätzlich mit Kletterpflanzen berankt werden. Schilfmatten sind zwar nicht sehr langlebig, dafür aber kostengünstig. Doch das Hauptargument für Schilf liegt in seinen Eigen-

ATTRAKTIVE, HEIMISCHE STAUDEN FÜR SONNIGE BALKONE

Neben dem Aspekt, dass Wildstauden ganz besonders von der heimischen Tierwelt angenommen werden, haben sie auch den Vorteil, dass sie wenig krankheitsanfällig und damit pflegeleicht sind. Einige sind zudem alte Heilpflanzen wie der Wilde Dost oder der Heil-Ziest.

Für nährstoffreiche Erde

- *Ajuga reptans,* Kriechender Günsel
- *Aster amellus,* Berg-Aster
- *Campanula rotundifolia,* Rundblättrige Glockenblume
- *Centaurea montana,* Berg-Flockenblume
- *Corydalis lutea,* Gelber Lerchensporn
- *Lythrum virgatum,* Ruten-Weiderich
- *Primula vulgaris,* Frühlingsprimel
- *Stachys officinalis,* Heil-Ziest
- *Veronica spicata,* Ähriger Ehrenpreis

Für trockene Erde

- *Anchusa officinalis,* Gewöhnliche Ochsenzunge
- *Anthemis tinctoria,* Färberkamille
- *Asphodeline lutea,* Junkerlilie
- *Calamintha nepeta,* Bergminze
- *Echium vulgare,* Natternkopf
- *Helianthemum nummularium,* Gelbes Sonnenröschen
- *Inula ensifolia,* Zwerg-Alant
- *Linaria purpurea,* Purpur-Leinkraut
- *Origanum vulgare,* Wilder Dost

Obst, Gemüse, Kräuter und Nisthilfen

Je mehr Kräuter und heimische Topfpflanzen, desto besser

schaften: So kann man häufig beobachten, wie Papierwespen fleißig an der Oberfläche der Stängel Fasern abnagen, die sie für ihren Nestbau benötigen. Kaum vorstellbar, aber in einer Welt, wo alles behandelt, lackiert oder gesäubert ist, haben es diese Insekten inzwischen schwer, Baumaterial für ihre Behausungen zu finden. Die hohlen Röhren der Schilfmatten dienen auch an sich schon als Unterkunft. Montieren Sie die Matten daher entgegen der Gewohnheit am besten waagerecht, damit in die Hohlräume kein Wasser eindringen kann und die Röhren quer zu besiedeln sind. Am besten noch vorsichtig die Enden mit einer scharfen Säge glatt nacharbeiten. Ist die eine oder andere Röhre seitlich mit lehmiger Erde verschlossen worden, hat hier mit hoher Wahrscheinlichkeit die Gehörnte Mauerbiene ihre Kinderstube eingerichtet.

Ein wahrer Hingucker sind Stangenbohnen, die sich zum Beispiel an einer selbstgemachten Haselnusszweig-Pyramide hochwinden. Diese im Sommer blühenden Schmetterlingsblütler sind ein ganz besonderer Leckerbissen für emsige Bienchen. Neben der kräftig rotorange blühenden Feuerbohne *(Phaseolus coccineus)* empfiehlt sich besonders 'Blauhilde' mit ihren hübschen lila Blüten und den schwarz-lila Schoten, die sich beim Kochen grün färben.

KLEINE BIOTOPE

Auch auf Mini-Balkonen lässt sich ein Insektenhotel aufstellen oder ein Kleinbiotop gestalten: Ein schönes Treibholz dekorativ platziert, wird zum Nistplatz für besondere Solitärbienen. Wie oft bringt man von Ausflügen Steine, Muscheln, Schneckenhäuser, Samenkapseln oder Zapfen mit. Wohin mit all diesen Souvenirs? Legen Sie die Mitbringsel in eine große Schale mit Loch (damit kein Wasser stehen bleibt), füllen Sie die Zwischenräume teilweise mit Lehm, am besten Lößlehm, und Sand und stellen Sie die Schale in die Sonne. Dann heißt es abwarten, welche

Eine Vogeltränke für Vögel, Bienen & Co.

Kräuter lieben Sonne – Insekten lieben Kräuter.

Tiere sich in dieser Miniatur-Stadt niederlassen werden oder sich Baumaterialien für einen Zweitwohnsitz holen. Wenn genügend Insektenpflanzen in nächster Umgebung wachsen, wird sich ein Erfolg rasch einstellen.

TRINKSTELLEN

Neben Brut- und Schlafstätten sowie der Nahrungsversorgung durch Pollen- und Nektarpflanzen, benötigen Insekten wie alle

Einfach und effektvoll: Ohrwurm-Wohnung

Lebewesen Wasser. Flache Vogeltränken sind dafür bestens geeignet. So kann man nicht nur Vögel beim Trinken und ihrem morgendlichen Plantschen sehen, sondern auch durstige Falter oder Wildbienen beobachten.

DIE PERFEKTE BEPFLANZUNG

Natürlich steht und fällt eine schöne Terrasse oder ein gemütlicher Balkon mit der Bepflanzung. Besonders nach dem Winter sind nicht nur wir ausgehungert und sehnen uns nach viel Bunt und Blüten, auch die Bienen und Hummeln suchen jetzt Pollen als Start in das Frühjahr.

GEFÄSSE UND SUBSTRATE

Je größer der Topf ist, desto besser. Das Material – Metall, Kunststoff, Holz oder Ton – ist nicht entscheidend. Wichtiger ist die Wahl des passenden Substrates. Für einjährige Ansaaten hat sich eine normale Balkonerde bewährt, für nachhaltige Pflanzungen mit heimischen Stauden funktioniert das jedoch nicht. Hierfür bleibt dem Balkon- und Terrassenbesitzer nichts anderes übrig, als sich das passende Substrat selbst je nach gewählter Pflanzung zu mischen: So bevorzugt eine

Wildrose nährstoffreiche Erde und Kompost mit zusätzlich beigefügtem tonigem Anteil. Im Gegensatz dazu mögen Kräuter und viele unserer heimischen Sonnen-Stauden ein durchlässiges Gemisch aus einem Drittel Einheitserde oder Kompost und zwei Dritteln Sand und etwas Blähton. Bei gekauften Substraten ist darauf zu achten, dass kein Torf enthalten ist. Nicht nur aus ökologischen Gesichtspunkten, sondern auch wegen dessen negativen Auswirkungen auf den pH-Wert und somit auf das Pflanzenwachstum. Staunässe ist generell zu vermeiden, am besten das untere Viertel des Topfes mit Kies oder Tonscherben verfüllen und auf Wasserabzugslöcher in den Gefäßen achten.

PFLANZEN FÜR SONNIGE BALKONE

Für einen sonnigen Balkon eignen sich viele Kräuter und Aromapflanzen, ähnlich wie auf der Fensterbank. Den Traum vom eigenen kleinen Gemüsegarten kann man im „Naschkästchen“ umsetzen, einem Miniatur-Hochbeet. Viele balkontaugliche Gemüsearten, wie Tomaten, Paprika, Peperoni und Chili, Auberginen und Bohnen, erfüllen gleich mehrere Zwecke: Sie erfreuen fast den ganzen Sommer unsere Augen, dann den Gaumen und sind zugleich Bienenweide. Was will man mehr? Gemüse und Obst benötigen meist einen guten, humosen Boden. Deshalb im Herbst Kompost untermischen. Dazu Erdbeeren und Physalis setzen sowie einjährige Blumen, um Insekten zusätzlich Leckeres zu bieten.

Wer aber auf einen bunten Balkon nicht verzichten möchte, der wird sich zu den Nutzpflanzen noch nach mehrjährigen, geeigneten Blütenstauden umsehen. Dabei fällt die erste Wahl auf heimische Wildstauden, denn diese ziehen das Leben nur so an: Gartenhummeln laben sich am Ziest, Bienen suchen Schutz vor dem Regen in Glockenblumen oder schillernde Prachtkäfer krabbeln auf Margaritenblüten. Zudem gibt es noch eine Vielzahl an nicht heimischen Insektenmagneten. Interessanterweise kommen davon viele aus der Nordamerikanischen Prärie. Und diese blühen passenderweise erst im späten Sommer, wie der Gelbe Sonnenhut, manche sogar erst im Herbst, und viele von ihnen vertragen auch längere Trockenperioden. Ein ganz besonderes Highlight für einen sonnigen Balkon ist die Duftnessel *(Agastache)*. Ihr Nektar wird von Hummeln, Bienen und Schmetterlingen gleichermaßen geliebt. Zu-

INSEKTENFREUNDLICHE, TOPFVERTRÄGLICHE ZWIEBELBLUMEN

Es gibt eine große Anzahl an Zwiebelpflanzen, die für die Topfkultur geeignet sind und zugleich einen hohen Pollenwert für Insekten besitzen. Achten Sie beim Kauf auf Bio-Anbau, denn besonders bei der Zucht wird stark gespritzt, was inzwischen nicht nur der Tierwelt Probleme bereitet, sondern auch uns Hobbygärtnern. Vermehrt kommt es zu allergischen Reaktionen beim Pflanzen konventionell aufgezogener Zwiebeln.

- *Allium schoenoprasum,* Schnittlauch
- *Allium aflatunense,* Iran-Lauch
- *Crocus flavus,* Gold-Krokus
- *Crocus tommasinianus,* Elfen-Krokus
- *Erythronium dens-canis,* Hunds-Zahnlilie
- *Fritillaria meleagris,* Schachbrettblume
- *Galanthus nivalis,* Schneeglöckchen
- *Iris reticulata,* Netzblatt-Iris
- *Muscari armeniacum* 'Atlantic', Frühe Traubenhyazinthe
- *Narcissus poeticus,* Dichter-Narzisse
- *Narcissus pseudonarcissus lobularis,* Wilde Narzisse
- *Tulipa sylvestris,* Weinberg-Tulpe

NAHRUNG FÜR INSEKTEN: EINJÄHRIGE PFLANZEN FÜR DIE DIREKTAUSSAAT

PFLANZENNAME	HONIG-BIENE	WILD-BIENE	HUMMEL	SCHWEB-FLIEGE	SCHMETTER-LING
DILL *Anethum graveolens*	●			●	
LÖWENMÄULCHEN *Antirrhinum majus*			●		
RINGELBLUME *Calendula officinalis*		●		●	
KORIANDER *Coriandrum sativum*	●			●	
GOLDLACK *Erysimum cheiri*					●
PURPUR-LEINKRAUT *Linaria purpurea*	●		●		●
MÄNNERTREU *Lobelia erinus*	●				
STRAND-SILBERKRAUT *Lobularia maritima*	●				
ACKER-VERGISSMEINNICHT *Myosotis arvensis*		●		●	●
ZIER-TABAK *Nicotiana alata*					●
BASILIKUM *Ocimum basilicum*	●	●			
KLATSCH-MOHN *Papaver rhoeas*	●		●		
MEHLIGER SALBEI *Salvia farinacea*	●		●		
SOMMER-BOHNENKRAUT *Satureja hortensis*	●		●	●	●
NELKEN-LEIMKRAUT *Silene armeria*		●	●		●
KAPUZINERKRESSE *Tropaeolum majus*	●		●	●	●
ECHTES EISENKRAUT *Verbena officinalis*					●
HORN-VEILCHEN *Viola cornuta*	●		●		

dem kann man die Blätter als Tee zubereiten. Im Herbst, wenn uns die wärmende Oktobersonne nochmals auf die Balkone und Terrassen lockt, entfalten die für Insekten so wichtige Spätblüher wie Astern oder auch Fetthennen ihre Blüten. Tuffige Gräser ergänzen die Pflanzung, wobei die Stängel später als Überwinterungsplatz dienen.

DUFTPFLANZEN FÜR SCHATTIGE ECKEN

Besonders für absonnige Balkone, die zwar hell sind, aber keine direkte Sonne bekommen, eignen sich Halbschattenpflanzen. Damit sie auch von Insekten besucht werden, haben sie eine ganz besondere Strategie entwickelt: Duft. Wie magisch werden davon vor allem Falter angezogen. Bei der Balkonpflanzen-Planung können wir uns diese Erkenntnis zunutze machen. Besonders hervorzuheben ist hier die heimische Nachtviole *(Hesperis matronalis)*, auf deren nektarreichen Blüten sich auch untertags Schmetterlinge tummeln. Eine Pflanze, die sich hervorragend für eine halbschattige Terrassenbepflanzung eignet, ist der bis zu 1,50 m große, wenig bekannte Wald-Tabak *(Nicotiana sylvestris)* mit seinen leuchtend weißen Blüten. Er ist unkompliziert, wächst schnell und kräftig. Blüht er im Sommer auf, verströmen seine Blüten am Abend einen betörenden Duft, so unwiderstehlich, dass auch hiesige Nachtschwärmer sich an seinen Nektarien laben. Da er bei uns nicht winterhart ist, muss er entweder an einem frostfreien Ort überwintert werden oder man sät die selbst geernteten Samen der eigenen Pflanzen im Frühling wieder aus.
Auch wenn man nur ein paar Quadratmeter besitzt, auf der sich Natur entwickeln soll, darf man im Spätherbst nicht dem Fehler verfallen, den Balkon ordentlich „winterfest" zu machen und alles abzuräumen. Abgestorbene Stängel, alte Blütenstände und verwelkte Blätter sollten stehen bleiben dürfen, denn sie dienen oft als Überwinterungsorte für Insekten oder ihre Brut.

Wildkrokusse gedeihen gut in kiesigem Substrat.

FRÜHJAHRSBOTEN IN DER STADT

Insektenfreundliche Zwiebelblumen – im Herbst in mit Sand-Kompost-Gemisch gefüllte Töpfe gepflanzt – bringen im Frühjahr die ersten Farbtupfer auf den Balkon. Sind diese abgeblüht, sollte das Kraut langsam trocknen dürfen, damit die Energie wieder in die Zwiebel ziehen kann. Bei kleineren Pflanzen wie Krokussen ist das kein Problem, aber Tulpen und Narzissen sehen nach dem Abblühen oft unansehnlich aus. Wenn man Platz hat, räumt man den ganzen Topf in eine Ecke oder in den Keller. Man kann auch die Pflanze samt Zwiebel aus der Erde nehmen, in einen Karton legen und an einem dunklen, nicht zu warmen, aber trotzdem luftigen, trockenen Ort lagern. Nicht zu eng legen, da sich sonst Schimmel bilden kann.
Im Herbst können die Zwiebeln dann erneut eingepflanzt werden.

01

ANFANGEN

— *und einfach mal nichts tun!*

Aller Anfang ist schwer, sagt man. Doch um neue Lebensräume für Tiere entstehen zu lassen, liegt der Anfang zunächst gar nicht beim aktiven Tun, sondern beim Umdenken.

Um Insekten zu unterstützen, müssen wir den Blickwinkel verändern und uns von alten Denkweisen lösen. Versuchen wir, die Welt durch die Augen eines Käfers zu betrachten und uns in seine Lebensweise hineinzufühlen. Schnell merken wir, dass ein kurz gemähter Rasen, das Entfernen abgestorbener Pflanzenpartien oder das Absammeln des Herbstlaubs genau das ist, was den Tieren schadet. Im herabgefallenen Laub halten sich Insekten und andere Kleintiere auf. Und die Blätter, die nicht liegen bleiben dürfen, fehlen der Humusbildung und damit der natürlichen Nährstoffversorgung unserer Böden. Aber auch die am Boden lebenden Kleintiere verlieren damit ihre wichtigste Nahrungsquelle. Zudem bietet die Laubschicht unzähligen Tieren wie Igeln oder Kröten einen Winterschutz.

In fast jedem Garten gibt es kleine ungenutzte Randbereiche, auf denen sich Tontöpfe oder altes Holz stapeln. Mit Insektenaugen betrachtet handelt es sich um geschützte Ruheorte und ideale Brutplätze. Natürlich sind diese Bereiche auch Teil unseres Lebensraums und sollte unseren ästhetischen Ansprüchen entsprechen – finden wir einen Kompromiss, der allen dient: Beim Aufräumen sollte man überlegen, was man liegen lassen kann, ohne dass es stört, ja vielleicht sogar interessant aussieht. Das kommt der Tierwelt zunutze und uns auch!

02

03

04

01 Nicht vergessen: Auch ein Garten-Arbeitsplatz kann von dem einen oder anderen Insekt zur Wohnstätte umfunktioniert werden.

02 Bei der Gartenarbeit sollte man überlegen, was man liegen lassen kann, ohne dass es stört.

03 Totholz – ein perfekter Platz für Insekten

04 Weniger ist mehr: Um für Insekten neue Lebensräume entstehen zu lassen, liegt der Anfang zunächst gar nicht beim aktiven Tun, sondern beim Umdenken und Nichtstun. In Naturgärten darf man einfach mal wachsen lassen.

MOBILE GÄRTEN

In vielen Städten bieten große, versiegelte Flächen einen trostlosen Anblick. Hier ist kein Platz für Pflanzen oder Blüten, keine Insekten verirren sich hierher. Doch diese Flächen können auch eine Chance sein.

MIT KISTEN & CO. ZU MEHR VIELFALT

Es gibt inzwischen in verschiedenen Kommunen Projekte, die zeigen, dass man, ohne an der Ausgangslage grundsätzlich etwas zu verändern, Naturvielfalt in öde Bereiche bringen kann. Eines der Vorreiterprojekte sind die Prinzessinnengärten in Berlin, in denen zudem eine Kooperation mit Imkern stattfindet. Wer solche Projekte initiiert, muss vorab die Idee temporärer Gärten erläutern. Der Ansatz mobiler Gärten kann zeitlich begrenzt sein, die Anlage sollte ohne Probleme zurückgebaut werden können. Die Pflanzen werden nicht direkt in den anstehenden Boden gesetzt, sondern in flexible Gefäße. Sogar ausrangierte Einkaufswägen eignen sich hierfür, wie das Urban-Farming Projekt „Stadtbuure-Gartenwagen“ in Winterthur zeigt. Am besten sucht man dafür Behältnisse aus, die nicht mehr verwendet und letztendlich sowieso entsorgt werden müssten – alte Kisten, die man mit Vlies auslegt, um die Erde zurückzuhalten, oder sogenannte Bigbags (große flexible Schüttgutbehälter aus Kunststoff). Als sehr praktisch haben sich Bäcker- oder Gemüsekisten herausgestellt, da diese gut zu tragen sind. Am einfachsten ist es aber, Biokompost im Recycling-Sack zu kaufen, diesen an den

01

02

03

04

für die Pflanzung vorgesehenen Ort zu legen, in die Folie eine große, schlitzartige Pflanzöffnung zu schneiden und den Sack mit Gemüse, Kräutern oder Blumen zu bepflanzen.

AUS UNORTEN WERDEN BLÜHENDE OASEN

Brachen und andere „verwilderte" Orte erscheinen vielen Menschen als unschön, unaufgeräumt und chaotisch. In den Augen von Insekten sind sie aber oft wahre Paradiese. Denn solche Bereiche haben häufig genau die Standortverhältnisse, die auch insektenfreundliche Pflanzen bevorzugen: trocken, sonnig-warm mit durchlässigem Boden. Fast überall in den Städten finden wir solche ungenutzten Restflächen, in Industrie- und Gewerbegebieten, aber auch an Bahngleisen oder auf kleinen Verkehrsinseln. Diese haben zudem meist noch extrem magere Böden – also beste Voraussetzungen, um Bienenweiden zu etablieren. Es reicht dann oft, nur etwas nachzuhelfen. Dominante Vegetation ist manuell zu entfernen oder einzudämmen, damit

01 Mit blühendem Natternkopf liegt man bei Bienen und Hummeln immer richtig.

02 Pflanzsäcke sind eine einfache Lösung für den Anbau von Tomaten. Wichtig: Sonne und eine warme Hauswand.

03 Mobiler können Beete nicht sein: Hier „rollen" die Pflanzen zum Standort.

04 Alte Lebensmittelkisten eignen sich perfekt zum Gemüse- und Blumenanbau auf Zeit.

☞ DAS PASST ZUSAMMEN

GEMÜSE	KRÄUTER UND SALATE	BLUMEN
Aubergine, Tomaten	Buchweizen Kleinblättriges Basilikum Knoblauch Koriander Petersilie Rucola Zwiebeln	Kapuzinerkresse Ringelblume Studentenblume
(Stangen-) Bohnen	Dill Feldsalat Knoblauch Koriander Salbei Sommer-Bohnenkraut	Färberkamille Kapuzinerkresse Natternkopf Ringelblume Sonnenblume
Chili, Paprika	Borretsch Knoblauch Petersilie Schnittlauch	Garten-Leimkraut Kornblume Studentenblume
Gurken, Kürbis, Zucchini	Basilikum Fenchel Zwiebeln Kopfsalat	Färberkamille Ringelblume Sonnenblume
Kartoffeln	Buchweizen Kümmel Koriander Meerrettich Spinat	Kapuzinerkresse Natternkopf Studentenblume
Kopfsalat	Borretsch Dill Garten-Kerbel Zwiebeln	Färberkamille Garten-Leimkraut Klatsch-Mohn Löwenmäulchen Ringelblume
Mangold	Dill Knoblauch Kopfsalat Schnittlauch	Löwenmäulchen Ringelblume

sonnenliebende Pflanzen wie der Gewöhnliche Natternkopf *(Echium vulgare)* wieder wachsen können. Nichts hilft unseren Insekten mehr, als Standorte zu fördern, die sich über die Zeit auf natürlichem Wege entwickeln werden. Ist kein Samenpotenzial mehr im Boden, dann ist es möglich, mit Ansaaten auf derartigen Flächen nachzuhelfen. Bei der Saatgut-Auswahl sollte genau hingesehen werden: Am allerbesten ist es, aus umliegenden, natürlichen Flächen Samen zu sammeln und zu übertragen. Ansonsten sollte regionales Bio-Saatgut verwendet werden. Selbstredend müssen immer die Grundstückseigentümer in das „rebellische" Vorhaben miteinbezogen werden. Doch immer öfter stößt man bei solchen Projekten auf offene Ohren und Türen.

Neben der Wahl standortgerechter Insektenpflanzen sollten Kleinstrukturen zum Nestbau oder für die Überwinterung geschaffen werden. Also bei der Bodenbearbeitung größere Steine aufsammeln und zu einem wärmenden Lesesteinhaufen als Ameisen-City aufschichten. Am Ende der Blühsaison, abgestorbene Pflanzenteile nicht entfernen, sondern über den Winter stehen lassen. Informationstafeln sind da nützlich, um Anwohner und Passanten über das Projekt zu informieren und neugierig zu machen.

DIE MISCHUNG MACHT'S

Die nebenstehenden Gemüsepflanzen eignen sich besonders gut für die Topfkultur und werden gleichzeitig gerne von Insekten angeflogen. Sie lassen sich perfekt mit Blumen- und Kräuteransaaten mischen. Natürlich funktionieren die „Ergänzungs"-Pflanzen auch ohne Gemüse. Lässt man zudem Gemüse, beispielsweise Brokkoli, zum Blühen kommen, haben im Hochsommer Schmetterlinge und Wildbienen eine gute Nahrungsquelle.

Gute Wechselwirkung: Salat, Bohnen und Ringelblume

MINIGÄRTEN IM WOHNQUARTIER

Viele Anwohner nehmen die Umgestaltung von Restflächen und Hauseingängen selbst in die Hand, um Straßenzüge zu begrünen und etwas für die Artenvielfalt zu tun.

HAUSEINGÄNGE UND GEHSTEIGE

In der Regel sind die Pflanzflächen unter Bäumen sehr klein und der Boden ist stark ausgelaugt und strapaziert. Umso sinnvoller ist es, hier mit standortgerechten Stauden zu arbeiten. Sie wachsen ohne große Pflege, blühen schön und werden von Jahr zu Jahr attraktiver. Und sie dienen bei richtiger Wahl unserer heimischen Tierwelt.

UNTER BÄUMEN

Zeitige Frühjahrsblüher wie Schneeglöckchen *(Galanthus nivalis)*, Wildkrokusse *(Crocus)* oder Winterlinge *(Eranthis hyemalis)* stellen die erste Nahrungsquelle für Hummeln dar. Später kommen die unkomplizierte Akelei *(Aquilegia vulgaris)* und der blau blühende Kriechende Günsel *(Ajuga reptans)* hinzu. Ein entzückender heimischer Bodendecker ist die zarte, aber robuste Sternmiere *(Stellaria holostea)* – kombiniert mit Lungenkraut *(Pulmonaria angustifolia* 'Azurea'*)* oder Immergrün *(Vinca minor)* ergibt sich eine perfekte Nektartankstelle. Im Hochsommer blüht der Wald-Geißbart *(Aruncus dioicus)*, dessen Pollen gerne von Wildbienen gesammelt werden.

SONNIGE BEREICHE

Für sonnige Baumscheiben ist die Auswahl an nektar- und pollenliefernden Stauden groß. Schnittlauch *(Allium schoenoprasum)* wird gleichermaßen von Schmetterlingen und Wildbienen besucht, wenn man ihn zum Blühen kommen lässt. Ein absoluter Dauerbrenner für das Sonnenbeet ist die anspruchslose Kugeldistel *(Echinops ritro)*. Diese kann man gut mit den ebenfalls lang, manchmal bis zum ersten Frost blühenden Beetrosen kombinieren. Sie sind gute und zugleich robuste Pflanzen für öffentlich zugängliche Flächen. In den letzten Jahren wurde bei der Züchtung der Rosen verstärkt auf Insektenfreundlichkeit geachtet. Wildrosen oder ungefüllte Rosen

---

HUNDE FERNHALTEN

Ein großes Problem in Städten sind die Hinterlassenschaften mancher Vierbeiner. Es ist sinnvoll, eine dezente, aber wirkungsvolle Begrenzung der Flächen, zum Beispiel aus gebogenen und in den Boden gestreckte Haselstangen, aufzustellen, um die Pflanzen zu schützen.

Fette Henne ist eine anspruchslose Insektenweide.

Gut im Schatten: Lungenkraut, der Wildbienen-Renner

Stockrosen bringen Leben in die Stadt.

mit deutlich erkennbaren Staubbeuteln auswählen! Dann summt es auch wieder in der Stadt.

HINTERHÖFE UND HÄUSERWÄNDE

In Großstädten ist der Druck auf Flächen besonders groß – es gibt kaum ein paar Quadratmeter, die nicht versiegelt sind. Es ist kaum Platz vorhanden, zumindest nicht am Boden. Aber es gibt sie, die großen Flächen – nämlich in der Vertikalen. Und so werden immer mehr Wände begrünt, auch um das Klima in der Stadt positiv zu beeinflussen. Es gibt vertikale Gärten im größeren Rahmen, doch kann man diese natürlich auch im Kleinen umsetzen. In südlichen Ländern wie Spanien wird dies schon lange praktiziert: Dort werden an Hauswänden unzählige bunt und üppig bepflanzte Blumentöpfen befestigt, die jeden Morgen umständlich gegossen werden müssen. Machen wir es uns leichter! Trockenheit vertragende Pflanzen wie Hauswurz *(Sempervivum)* oder Mauerpfeffer *(Sedum)* wachsen fast von selbst, blühen und sind ausgezeichnete Bienenweiden. Als Pflanzgefäße für Wände gibt es fertig zu kaufende Pflanztaschen oder sogenannte vertikale Hochbeete. Aber auch Europaletten, senkrecht aufgestellt und richtig präpariert, lassen sich bepflanzen.

IM REICH DER KLETTERPFLANZEN

Es ist immer wieder erstaunlich, wie wenig „offenen Boden" eine Kletterpflanze benötigt. Denken wir an die kleinen Pflanzlöcher an Hauswänden, aus denen meterhohe Kletterrosen, Trompetenblumen oder Weinreben herauswachsen – und das auch noch vital und kräftig. Man muss sich also keine Sorgen machen, wenn man vorhat, eine Wand zu begrünen, auch bei kleinstem Platzangebot. Kletterpflanzen sind Tiefwurzler, sie holen sich ihre Nahrung von weit unten und werden damit auch nicht die Pflasterbeläge anheben, was im Siedlungsraum oft Thema ist. Doch welche Pflanzen sind am besten geeignet? Einige der selbstklimmenden Wandbegrüner gehören zu den wertvollsten Nektar- und Pollenspender für Hummeln, Bienen, Wespen und Wildbienen. Wer hat nicht schon einmal das wilde Getöse der Bienen im Sommer neben einem Wilden Wein gehört? Oder wenn Efeu im Spätsommer zum Blühen kommt? Massen von Insekten finden hier vor dem Winter nochmals ein riesiges Angebot an Nahrung.

Gestalterisch verleihen Kletterpflanzen einen zusätzlichen Charme: Man kann mit ihnen Mauern begrünen, selbst Gebäude, Garagen und Schuppen in wundervollem Grün verschwinden und dadurch natürlicher wirken lassen.

Selbstklimmende Kletterpflanzen wie Efeu oder Wilder Wein klammern sich mit ihren Haftwurzeln und „Saugnäpfen" unwiderruflich direkt am Putz fest. Im Grunde genommen gilt: Hat ein solcher Begrüner eine Wand

Checkliste

BEI INSEKTEN BELIEBTE KLETTERPFLANZEN

Selbstklimmend:
- ☐ *Hedera helix,* Efeu
- ☐ *Hydrangea petiolaris,* Kletter-Hortensie
- ☐ *Parthenocissus quinquefolia* 'Engelmannii', Wilder Wein
- ☐ *Parthenocissus tricuspidata* 'Veitchii', Wilder Wein

Mit Rankhilfe:
- ☐ *Actinidia arguta,* Kleinfruchtige Kiwi, Scharfzähniger Strahlengriffel
- ☐ *Clematis alpina,* Alpen-Waldrebe
- ☐ *Clematis montana* 'Rubens', Berg-Waldrebe
- ☐ *Humulus lupulus,* Hopfen
- ☐ *Lonicera periclymenum,* Wald-Geißblatt
- ☐ *Wisteria sinensis,* Blauregen

Highlight: Wilder Wein im Herbst

Süße Naschtürme: Erdbeeren wachsen hier perfekt.

erobert, sollte man darauf achten, dass er in seine Schranken gewiesen wird und sich nicht weiter ausbreitet.

Anders hingegen verhält es sich mit Kletterpflanzen, die auf Rankhilfe angewiesen sind, wie Clematis. Ein hässlicher Maschendrahtzaun, von einer Berg-Waldrebe, *Clematis montana* 'Rubens' überwachsen, wird zum absoluten Hingucker im späten Frühling. Zur gleichen Zeit blüht der duftende Blauregen, *Wisteria sinensis*. Obwohl dieser aus Asien stammt, trifft man dort immer wieder die große und unverwechselbare Holzbiene an; er ist für sie eine wichtige Nahrungsquelle. Doch seine Wuchskraft sollte man nicht unterschätzen. Er sollte unbedingt mehrmals im Jahr gekürzt werden.

Für Rosenbögen sind wegen ihres Wuchses, ihrer biegsamen Ruten und ihrer Blatt-Gesundheit am besten gut duftende, ungefüllt blühende Rambler Rosen geeignet: Im Juni werden deren Blüten von Bienen und Hummeln nur allzu gern besucht. Durch die fleißigen Bestäuber erhalten wir Gartenbesitzer dann im Herbst nochmals ein Highlight, kleine Hagebutten überziehen die ehemaligen Blütenstände. Gute Sorten sind 'Lykkefund' oder 'Seagull'.

DACHGÄRTEN

Neben Terrassen und Balkonen können auch flache Dächer zu bunten Nischen für Mensch und Tier gestaltet werden. Bindet man dabei die Flachdächer von Gewerbebauten ein, zeigt sich ein hohes Entwicklungspotenzial.

GÄRTNERN GANZ OBEN

Immer öfter weichen Hobbygärtner, Imker und Naturinteressierte auf die Dächer aus und erfüllen sich dort ihren Traum vom eigenen Garten. Die einfachste Art auf einem flachen Dach zu gärtnern, ohne erheblichen Aufwand zu betreiben, ist punktuell mit mobilen Gefäßen wie alten Holz- oder Kunst-

Extrem pflegeleicht ist die Dachwurz (links), auch Kräuter wie Salbei und Borretsch (rechts) sind recht anspruchslos.

Fast alle Flächen lassen sich begrünen, Hummeln danken es.

Mit der richtigen Pflanzauswahl entstehen auf Dächern schöne und ökologisch wertvolle Flächen.

stoffkisten, Europaletten, Töpfen oder Erdsäcken. Auf Dächern herrschen extreme klimatische Bedingungen: An sonnigen Tagen müssen die Pflanzen größte Hitze ertragen, im Winter passiert es leicht, dass die Pflanzgefäße durchfrieren oder austrocknen. Dies sollte bei der Pflanzenauswahl berücksichtigt werden. Neben Pflanzung von einjährigem Gemüse oder bienenfreundlichen Sommerblumen, bieten sich hitzeverträgliche Kräuter und wärmeliebende Ansaaten an. Für heimische Arten wie Färber-Kamille *(Anthemis tinctoria)*, Sonnenröschen *(Helianthemum nummularium)*, Ochsenzunge *(Anchusa officinalis)*, Natternkopf *(Echium vulgare)*, Wilde Möhre *(Daucus carota* subsp. *carota)* oder auch Wiesen-Salbei *(Salvia pratensis)*, kann es gar nicht warm genug sein. Man sollte ihnen ein mageres Substrat geben und Staunässe vermeiden. Diese Pflanzen sind nicht nur schön anzusehen, sondern auch Schmetterlings- und Bienenmagneten.

Thymian, Hauswurz und Mauerpfeffer sind genügsam, sei es am Boden, auf Dächern oder in der Vertikalen.

BLÜHENDE DÄCHER FÜR INSEKTEN

Dachbegrünungen im großen Stil erfolgen meist extensiv. Voraussetzung dafür ist eine stabile Dachkonstruktion und ausreichende Traglast. Für solche Projekte sollte immer eine qualifizierte Fachperson oder -firma hinzugezogen werden. Derart begrünte Dächer werden, nachdem sie einmal angelegt wurden, zwar von Menschen nicht mehr direkt genutzt, schaffen aber wertvolle Lebensräume für die Pflanzen- und Tierwelt mitten im Siedlungsbereich. Zudem bewirkt die Verdunstung durch die Pflanzen im Sommer eine Kühlung und verbessert das Stadtklima.
Auch im Hausgarten gibt es überbaute Flächen, die mit ein wenig Geschick und Fantasie ökologisch aufgewertet werden können. Anstatt einer strukturlosen Abdichtung auf Carport oder Fertiggarage, lässt sich dort auch eine magerrasenähnliche Vegetation ansiedeln. Wenn die Traglast geklärt ist, kann eine dünne Schicht Spezial-Substrat aufgebracht werden. Es gibt inzwischen gute Ansaat-Mischungen mit heimischen Pflanzen oder sogar einen Kräuter-Rollrasen für die Dachbegrünung.
Damit die von den Pflanzen angelockten Insekten sich auch dauerhaft ansiedeln, benötigen sie Nistplätze und Überwinterungsorte. Dies schafft man zum einen durch das Stehenlassen von Stängeln über den Winter, aber auch durch Nistmöglichkeiten wie eine kleine Sandfläche für im Boden nistende Wildbienen. Sogar das Dach einer Holzlege oder eines Mülltonnen-Häuschens kann sich zur Begrünung eignen. Für solche Mini-Dachbegrüngen ist die Pflanzenauswahl besonders wichtig. Hier können wir nur mit absoluten Hungerkünstlern arbeiten wie unterschiedlichsten *Sedum*-Sprossen, Hauswurz *(Sempervivum)* und Thymian *(Thymus vulgaris)*. Zudem blühen sie überaus reich. Einige Schmetterlinge, wie der selten gewordene Rote Apollo-Falter, benötigen die Weiße Fetthenne *(Sedum album)* als wichtige Futterpflanze. Ursprünglich kamen viele dieser Arten vor allem in Weinbergen vor. Doch durch den hohen Maschineneinsatz sind diese Pflanzen und damit auch die Falter verschwunden. Versuchen wir sie zu uns nach Hause, auf unsere Dächer zu holen!

INSEKTEN-GÄRTEN

Hautflügler-Erlebnisräume

Kugel-Lauch, Hain-Salbei, Spornblume und Storchschnabel (rechts) sind wunderbare Blütenstauden für Insekten.

Strukturen im Garten und Insektenpflanzen wie der Wasserdost (rechts) erhöhen den Artenreichtum.

Der zweijährige, bei Hummeln beliebte Fingerhut ist eine gute Ergänzung zum Insektenhotel.

DER NATURNAHE GARTEN

Egal, ob ein vorhandener Garten in einen insektenfreundlichen umgestaltet werden soll oder ob eine Neuanlage ansteht, zunächst braucht man ein Konzept.

Was macht einen insektenfreundlichen Garten aus, worauf muss man achten und wie packt man ein solches Projekt an? Wie bei jeder Planung steht am Anfang eine Analyse. Wie ist die Besonnung meines Gartens? Wo Sonne und Wärme sind, wäre ein Insektenhotel sinnvoll. Wo ist Schatten, um einen Totholzhaufen anzulegen? Und dem Wind ausgesetzte Gartenpartien werden wärmer und windstiller durch gezielte Gehölzbepflanzung. Welche Strukturen sind schon vorhanden? Gibt es Wasser? Mithilfe der Checkliste kann man sehen, was fehlt, entwickelt oder ergänzt werden sollte.

ELEMENTE UND STRUKTUREN

Grundsätzlich kann ein abwechslungsreicher Garten mit größtmöglicher Strukturvielfalt Insekten eine gute Heimstätte bieten. Doch was nützt das schönste Insektenhotel oder der größte Lesesteinhaufen, wenn kein Nahrungsangebot im Garten vorhanden ist. Somit ist besonders auf die Wahl der Pflanzen und deren Blühzeitpunkt zu achten: je mehr heimische Arten, desto besser für unsere Insekten. Entscheidend für den Erfolg ist auch die Art und Weise, wie man sie fördert und pflegt.

☞ STRUKTUREN IM GARTEN

VORHANDENE STRUKTUR	MASSNAHME	NUTZEN FÜR INSEKTEN
Kies-Sandwege	Entsiegelung	Wohnung für Wegwespen
Kies- und Steingärten	offene Kiesflächen, verschiedene Steingrößen	Wärmespeicher und Siedlungsraum
Trockensteinmauer	Böschungen abfangen	für wärmeliebende Ritzenbewohner
Wasser	kleine oder größere Wasserstellen	Trinkstelle, Lebensraum
Kompost	darf in keinem Garten fehlen	Käferlarvenwohnung
Pfützen und Ton	kleine Lehmflächen anlegen, feucht halten	wichtiges Baumaterial, Mineralientankstelle
Äste und Totholz	wilde Ecken anlegen	für Käfer, Nisträume vieler Wildbienen

NATURSTEIN IM GARTEN

Unsere Insektenwelt braucht so viele heimische Pflanzen wie möglich. Zahlreiche Wildpflanzen bevorzugen magere und kiesige Standorte. Gestalten wir im Garten bewusst solche Bereiche!

BODENBELÄGE ALS BLÜTENMEER

Mithilfe von Bodenbelägen können im Garten nicht nur gestalterische, sondern auch nachhaltig ökologisch prägende Strukturen geschaffen werden. Natürlich müssen Gehwege und Garagenzufahrten funktionieren, es sollen keine Stolperfallen entstehen. Komplett versiegelte Flächen wirken sich stark negativ auf den Wasserhaushalt aus, ebenso auf Bodenlebewesen und bodennah lebende Tiere wie Laufkäfer. Deshalb sollte der Versiegelungsgrad immer so gering wie möglich gehalten werden.

Für Parkplätze, die nur ab und zu benutzt werden, kann man einen Schotterrasen anlegen – gut befahrbar, stabil, kostengünstig und zugleich ökologisch hochwertig. Es gibt zur Begrünung artenreiche heimische Saatgutmischungen mit hohem Kräuteranteil, die sich wegen des mageren Substrates hier besonders wohlfühlen. Da solche Bereiche oftmals sonnig und heiß sind, entwickelt sich der Schotterrasen bald in einen Magerrasen – ein wahrer Tummelplatz für viele Insekten. Auch Sitzplätze müssen nicht voll gepflastert werden. Eine sogenannte wassergebundene Decke, wie man sie von Biergärten kennt, sieht schön aus, ist wasserdurchlässig und die feine Körnung der Oberfläche ist ein hervorragendes Baumaterial für unterschiedlichste Mauerbienen.

KIESWEGE – SCHÖN MAGER

Viele Wildpflanzen bevorzugen magere Böden, kiesige Standorte und besiedeln gern Ränder von Schotterwegen. Indem Grundstücksbesitzer derartige Bereiche schaffen oder weiterentwickeln, leisten sie einen wichtigen Beitrag für die Tierwelt. Werden in einem Garten Wege angelegt, dann wird dabei unter dem Pflastermaterial immer Kies oder Schotter eingebracht – und dies meist großzügig. Diese seitlichen Bereiche sind extrem trocken, zudem besonders heiß wegen der danebenliegenden Pflastersteine. Mit dem Resultat, dass viele Gartenbesitzer oftmals

Je geringer der Anteil der versiegelten Flächen ist, umso besser.

unglücklich sind, weil neben den Wegen „einfach nichts wächst". Es müssen aber nur die richtigen Pflanzen für diesen heißen Extremstandort ausgewählt werden. Man kann das Pflanzenwachstum sogar noch fördern, indem man ganz bewusst die seitlichen Streifen als offene, überwiegend vegetationsfreie Kiesbeete ausbildet. Einige Wegwespen-Arten werden sich hier gerne ihre Wohnstätte suchen. Sie entsprechen im Aussehen übrigens so gar nicht unserem Bild von Wespen: Sie sind schlank und meist schwarz.

WOHN-MAUER FÜR NEKTARSAMMLER

Fast in jedem Garten gibt es Höhenunterschiede, die mit Mauern zu lösen sind. Eine Trockensteinmauer – Mauer aus Natursteinen ohne Mörtel – hat gegenüber einem meist unschönen und teuren, betonierten Hangabfang viele Vorteile: Sie ist stabil, sieht ansprechend aus und man kann dafür kostengünstige Steine der Region verwenden. Wichtig ist eine Hinterfüllung der Mauer durch gröbere Steine, was auch Beton-Recycling-Material sein kann: als Dränagefunktion, zur Entwässerung. Mit dem Biotop Trockenmauer entsteht ein interessanter Lebensraum für Insekten, welchen man durch bewusste Ausbildung größerer Fugen und Hohlräume erweitern kann. Wird die Mauer tagsüber stark besonnt und damit aufgeheizt, verbleiben die dahinterliegenden Hohlräume angenehm kühl.

Man kann sich leicht vorstellen, dass die Größe der Hohlräume und die Breite der Fugen einen entscheidenden Einfluss auf die Besiedlung durch Insekten, Vögel, Säugetiere oder Reptilien haben. Während eine Mauerbiene mit einer kleinen Ritze zurechtkommt, wird sich eine Wespenkönigin zwar ebenfalls problemlos durch diesen Spalt begeben können, gegebenenfalls aber wieder unverrichteter Dinge abziehen, wenn sie dahinter keinen

01

02

Hohlraum findet, der groß genug für ein Nest ist. Ergänzen sollte man die sonnenexponierte Mauer beispielsweise mit üppig blühendem Thymian oder Lavendel, aber auch Hauswurz und Mauerpfeffer sind geeignet – allesamt Pflanzen, die Hitze lieben und zudem wunderbare Nektarspender sind.

SONNIGE KIESGÄRTEN

Der Wunsch, weniger Arbeit zu haben, ist häufig der Ausgangspunkt für einen Kiesgarten. Wer dabei jedoch nur an monotone Kies- und Schotterflächen denkt, wird überrascht sein, wie bunt und artenreich diese moderne Interpretation eines Steingartens sein kann. Um diese Artenvielfalt zuzulassen – für Pflanzen- und Tierwelt –, darf kein Unkrautvlies oder ähnliches Material unter der Mineralschicht eingebaut werden. Grundvoraussetzung für einen Kiesgarten ist eine sonnige Lage, um diese Steppe im Kleinen anlegen zu können. Die natürlichen Vorbilder sind sonnige Kiesbänke an Flüssen, alpine, steinige Bereiche oder Steppenlandschaften. Und aus diesen werden auch die Pflanzengesellschaften abgeleitet, welche ausschließlich trockenheitsliebend sind und sogar steinigen Boden der Erde vorziehen. Um diese Hitze auszuhalten, haben viele Stauden einen natürlichen Verdunstungsschutz, meist in Form einer Wachsschicht oder kleiner Härchen wie die Königskerze. Die Pflanzung an sich sollte wie zufällig wirken. Lücken, in denen Kies durchblitzt, sind nicht nur gestattet, sondern vielmehr erwünscht: Sie lockern die Pflanzung auf, verleihen dem Gravel Garden seinen natürlichen Charme und sind ein wichtiger Lebensraum für bodennah nistende Bienen und Wespen. Mit der Korngröße zu variieren sorgt für eine attraktive Abwechslung: Größere Steine bieten den Insekten Schutz, vor allem Windschutz, kleine Steine sind Unterschlupf und

03

04

01 Sonniger Kiesgarten: Hier sieht man mehr blühende Pflanzen als graue Steine.

02 Die Ritzen dieser Schiefermauer bieten Platz für Tiere und trockenheitsliebende Pflanzen.

03 Kies- und Schotterflächen in sonnigen Lagen können bunt und artenreich sein. Trockenheitsliebende Pflanzen wie Thymian fühlen sich hier wohl. Am Rand wachsen Margeriten und Mohn.

04 Ein Sandarium muss nicht groß sein: Ein halber Quadratmeter reicht. Allerdings sollte es ca. 30 cm tief sein. Als Sand eignet sich jeder feine, ungewaschene Sand mit tonigen Feinanteilen.

sandiges Material ist zudem ein notwendiger Baustoff. Offene Sand- und Kiesflächen gehören mit zu den am reichsten besiedelten Nistplätzen. Wildbienen wie die Nordische Blattscheiderbiene können in einem eigens angelegten Sandarium ihre Brutröhren anlegen. Diese inzwischen selten gewordene Wildbiene nutzt sandigen Boden, in den sie einen fast 10 cm langen Gang baut. Darin stellt sie mit Blattstückchen auspolsterte Hohlräume für die Brutzellen her. Kiesbeete und Geröllhalden werden gerne auch von der nicht einmal 1 cm großen Punktierten Wollbiene besiedelt. Sie baut zwischen die Kiesel winzige Nester. Als Baumaterial verwendet sie die weiche Behaarung von Pflanzen wie der Königskerze *(Verbascum)*. In kiesig-durchlässigem Substrat wachsen Staudenarten am besten, deren Naturstandort ähnliche Voraussetzungen zu bieten hat. Größtmöglicher Strukturreichtum in Kombination mit heimischen Pflanzen ist die beste Grundlage für Insektenvielfalt.

STEINGARTEN

Im Gegensatz zum Kiesgarten, wo die Steingrößen eher klein sind, lebt ein Steingarten von großen Felsbrocken. Er ist eine Nachahmung steingeprägter Landschaften wie Juragebieten, aber auch Geröllhalden. Dass Eidechsen solche Steinhaufen lieben, ist bekannt. Aber auch Insekten mögen Wärme – und Eidechsen mögen Insekten. Da schließt sich der Kreislauf. Die Gestaltung solch einer Anlage eignet sich für einen sonnigen Gartenbereich, idealerweise mit einer leichten Südneigung. Große Findlinge sind gestalterisch prägend, deshalb sollte man diese möglichst in einem lokalen Steinbruch selbst aussuchen. Beim Platzieren der Steine lohnt es sich, diese vorher genau zu betrachten: Harmonische Steinsetzung ist eine Kunst! Außerdem kann man den einen oder anderen Steinblock so legen, dass er gleichzeitig als (Beobachtungs-) Sitz fungiert. Als Bettung für die Steine wird eine 30 cm starke Sandschicht eingebaut.

Eine Kräuterspirale will wohlplatziert und gut dimensioniert sein, vor allem ein sonniger Standort ist wichtig.

Große Findlinge wirken optisch schön und sind optimale Wärmespeicher für Pflanzen und Tiere.

Nicht so sehr als Fundament, sondern als Brutstätte für Insekten wie die inzwischen seltenen winzigen Diebsameisen. Unter den großen Steinen sind sie vor widrigem Wetter geschützt. Durch die von den Felsen weitergegebene Wärme entsteht an sonnigen Tagen eine angenehme Temperatur, die auch nachts noch bleibt. Die besonnte Seite dieser Felsen kann ein optimaler Nistplatz für die interessant zu beobachtende Harzbiene mit ihren komplexen Verhaltensweisen sein. Um den Charakter eines Steingartens zu erhalten, werden zu den großen auch noch kleinere Steine gelegt; das darf sehr lückenhaft sein. Denn in den Ritzen sollen so manche Tiere und Pflanzen einen Platz zum Leben finden.

PFLANZEN FÜR DEN STEINGARTEN

Bei der Auswahl orientiert man sich an steinigen Naturstandorten. Dort finden sich Kräuter wie Thymian oder Lavendel. Aber auch Frühlingsblüher prägen solch eine Anlage und sind am Ende des Winters eine wichtige Nahrungsquelle. Der Ursprung vieler Zwiebelpflanzen liegt in steinigen Bergregionen, deshalb fühlen sich diese in einem Steingarten besonders wohl. Die empfehlenswerten Wildformen haben ausgeprägte Staubbeutel, deren Pollen gerne an den ersten warmen Tagen im Jahr von Bienen gesammelt werden. Wildtulpen und -krokusse sind an solch durchlässigen Plätzen durchaus ausdauernd und langlebig.

KRÄUTERSPIRALE

Eine Kombination von Steinhaufen, Natursteinmauer und Steingarten bildet die Kräuterspirale. Bei ihr werden die Vorteile noch mit dem Nutzen, der Kräuterernte, ergänzt. Damit das Prinzip funktioniert, sollte die Kräuterspirale einen Durchmesser von mindestens 3 m haben und an einem sonnigen Platz stehen. Der Bau sollte im gestalterischen Zusammenhang errichtet werden: Gut ist eine Einbindung als Verlängerung einer Natursteinmauer oder auch die Platzierung in einem Gemüsegarten. Als Baumaterial eignen sich Natursteine und Recyclingmaterial wie alte Klinker-, Ziegel- oder Betonsteine. Eine Kräuterspirale ist in verschiedene Zonen unterteilt: Im unteren Bereich überwiegt humoser, nährstoffreicher Boden. Hier ist es am feuchtesten. Dort fühlen sich Dill *(Anethum graveolens)*, Liebstöckel *(Levisticum officinale)* und Borretsch *(Borago officinalis)*, der absolute Bienenfreund, wohl. Auf halber Höhe, mit sandigem Substrat vermischt, kann man Estragon *(Artemisia dracunculus)*, Bergminze *(Calamintha nepeta)* oder Schnittlauch *(Allium schoenoprasum)* setzen. Der höchste Bereich, und damit der wärmste, sollte gut dräniert sein. Dort wachsen mediterrane Pflanzen wie Salbei *(Salvia officinalis)*, Lavendel *(Lavandula angustifolia)*, Berg-Bohnenkraut *(Satureja montana)* und Thymian *(Thymus vulgaris)* – absolute Dauerblüher im Sommer und wahre Nektarbrunnen.

Bauen Sie einen Lese-Steinhaufen an einer sonnigen Stelle als Behausung für Eidechsen und Insekten.

NACHTS

— *im Insektengarten ...*

Beim Thema Garten denken wir an blühende Beete und wärmende Sonnenstrahlen und vergessen dabei, dass es auch noch eine andere Seite gibt, die aber nicht minder spannend ist: der Garten in der Nacht.

01

02

In lauen Sommernächten zeigt sich unser Garten von einer neuen Seite. Kein Restlicht und keine Geräusche sollten die Ruhe stören. In der Dämmerung heben die Amseln nochmals kurz zu ihrem schönen Gesang an, dann horchen wir noch den Feldgrillen beim letzten Zirpen zu, bevor sie schlagartig ihr Konzert beenden. Je länger man im Dunkeln ist, desto stärker werden die Sinne sensibilisiert. Wir nehmen sachtes Rascheln im Gras wahr – ein Igel? Hören die hellen Töne der Fledermäuse und das tiefe Brummen von dicken Nachtfaltern. Und plötzlich flackert etwas auf: ein Glühwürmchen, der Große Leuchtkäfer. Doch nicht nur unser Gehör scheint jetzt klarer zu sein, auch unser Geruchssinn wird schärfer.

GEKONNT BELEUCHTET

Besonders im Vorgarten ist Sicherheit geboten, da müssen Stufen in der Nacht erkennbar sein, beim Aufsperren der Türe wollen wir das Schlüsselloch finden und wenn es läutet, möchten wir den Besucher erkennen. Für all dies brauchen wir Licht. Doch inzwischen ist bekannt, dass vor allem nachtaktive Insekten, aber auch andere Tiere, von zu viel Licht irritiert werden. Deshalb reduziert einsetzen und immer indirekt als Strahler nach unten! Zudem sollte man im Garten und Vorgarten grundsätzlich Bewegungsmelder anbringen.

03

04

01 Glühwürmchen, die in Wirklichkeit Käfer sind, lassen sich am besten in lauen Sommernächten beobachten.

02 Die Raupen der Nachtfalter gehören mit zu den abwechslungsreichsten und schönsten: Die unscheinbaren Eulen sind im Larvenstadium bunt und einmalig, bei den Spinnern gibt es alles: Massenaufkommen wie beim Eichenprozessionsspinner bis hin zur unverwechselbaren Raupe des Großen Gabelschwanzes. Die reinsten Akrobaten sind die Raupen der Spanner, die sich wie kleine Ästchen tarnen.

03 Jeder Gartenbesitzer setzt sich durch einen wohlüberlegten Umgang mit Gartenbeleuchtung positiv für den Artenschutz ein.

04 Viele Blütenpflanzen, die von Nachtfaltern besucht werden, wie hier Nachtviole, haben eine helle auffällige Blüte oder duften sehr stark. Dies ist nicht verwunderlich: In der Koexistenz Insekt – Pflanze mussten sich die Blütenpflanzen schon etwas einfallen lassen, um die Flieger zur Bestäubung nachts anzulocken. Das geht sogar so weit, dass manche Pflanzen erst in der Nacht so richtig ihren Duft verströmen.

WASSER IM GARTEN

Zwar kann man einen kleinen Teich nicht mit einem Feuchtbiotop in freier Natur vergleichen, aber es ist erstaunlich, welche Vielfalt auf kleinstem Raum unter und über dem Wasser zu finden ist.

TEICHJUNGFRAUEN

„Fast jeder dieser Weidegründe enthält einen Wasserspiegel, von Schwertlilien umkränzt, an denen Tausende kleiner Libellen wie bunte Stäbchen hängen, während die der größeren Art bis auf die Mitte des Weihers schnurren, wo sie in die Blätter der gelben Nymphäen, wie goldene Schmucknadeln in emaillierte Schalen niederfallen, und dort auf die Wasserinsekten lauern, von denen sie sich nähren."
(Annette von Droste-Hülshoff)
Die Mehrzahl der Libellen bevorzugt stehende Gewässer. Die Larven entwickeln sich im Wasser. Libellenlarven sind Räuber, können mehrere Jahre alt werden und leben zwischen Wasserpflanzen sowie in der Flachwasserzone. Mit etwas Glück kann man den Schlupf, die Metamorphose von der aus dem Wasser heraus gekrabbelten Larve zur grazilen Libelle sehen – meist morgens.
Hat man einen Teich oder nur ein kleines Feuchtbiotop im Garten, wird man aber noch viel mehr Insekten beobachten können: Hier rudert mit der Bauchseite nach oben der Rückenschwimmer, dort auf dem Wasser schwebt der Wasserläufer und ziemlich exotisch mutet die Stabwanze an. Um all diese Tiere anzusiedeln, braucht es eigentlich nicht viel – nur Wasser.

Gut für Libellen: natürliche Randgestaltung mit heimischen Pflanzen

PERSPEKTIVWECHSEL

Generell darf ein Naturteich, auch wenn er mit Teichfolie ausgelegt ist, nicht allzu klein sein. Je tiefer, mindestens 80 cm, umso besser ist die Wasserqualität, die Tiere haben ausreichend Platz zum Jagen und können in den frostfreien Tiefen überwintern. Sogar Wasserpflanzen, wie Seerosen, ziehen sich während der Frostperiode dorthin zurück.
Die Teichrandgestaltung lässt sich natürlich und vielfältig gestalten: mit verschieden großen Steinen, Kies- und Sandbänken als wärmenden Rastplätzen, Lehm für den Nistbau und Sumpfpflanzen. Die Pflanzen bilden wichtige Rückzugsorte für Tiere und dienen gleichzeitig als Nahrung. Ihre Auswahl richtet sich vor allem nach der Wassertiefe des vorgesehenen Standortes. Unterwasserpflanzen sorgen dabei für ausreichend Sauerstoff. Grundsätzlich sollten diese einen nicht allzu starken Ausbreitungsdrang haben; so schön ein Schilfrohr aussieht, im Gartenteich hat es nichts zu suchen. Der Zwerg-Rohrkolben *(Typha minima)* eignet sich dagegen sehr gut und ist vor allem für die Entwicklung der Libellen wichtig. Denn an den standstarken Stängeln können deren Larven gegen Ende dieses Stadiums hochklettern, sich verankern und als faszinierende Libellen schlüpfen. Die Larven sind im Gartenteich sehr willkommen, da ihre Leibspeise aus den unliebsamen Stechmückenlarven besteht.
Einige unserer heimischen blühenden Teich- und Sumpfpflanzen, wie der Blut-Weiderich *(Lythrum salicaria)*, bieten ein hervorragendes Nahrungsangebot für Insekten. Im Frühling erfreut nicht nur uns die gelbe Sumpf-Dotterblume *(Caltha palustris)*. Ein wahres Nektar-Schlaraffenland ist der recht spät im Jahr blühende Gewöhnliche Wasserdost *(Eupatorium cannabinum)*. Er wird gerne von Schwebfliegen und Schmetterlingen besucht. Hat man einen Wasserdost im Garten, ist auch meist der auffällige Russische Bär, ein tagaktiver Falter, nicht mehr weit.

Kleinste Wasserstellen sind nützliche Tränken.

Diese Libelle sucht einen Stängel für die Eiablage.

MINIATURGEWÄSSER

So schön sich eine größere Wasserfläche macht, nicht jeder hat den Platz dafür. Trotzdem sollte man in einem Garten für Insekten nicht auf das Element Wasser verzichten. Auch Mini-Teiche bringen großen Nutzen, wie ein Holzfaß oder ein etwas größerer Steintrog. Solche Gefäße sind auch auf einer Dachterrasse oder einem Balkon zu integrieren. Sie dürfen nur nicht zur Falle für Tiere werden: Die Ränder sollten mit Steinen ausgebildet werden. Oder man bietet ein schräges Brett als Herauskletterhilfe an.

Dem Falter droht beim Trinken keine Gefahr, denn die Kröten sind gerade mit etwas anderem beschäftigt.

UNORDENTLICHE INSEKTENGÄRTEN

Um einen Garten insektenfreundlich zu gestalten, muss er nicht komplett erneuert werden. Meist haben sich bereits kleine ökologische Nischen gebildet, die man mit wenig Aufwand fördern kann.

KOMPOST – EIN WAHRER SUPERMARKT

Wer es in seinem Garten mit den natürlichen Kreisläufen ernst meint, der kommt nicht umhin, in einem abgelegenen, leicht schattigen Bereich einen Kompost anzulegen. Dort kann man Garten- und verrottbare Küchenabfälle entsorgen. Nach einigen Monaten ist der Lohn fertig: gute, nährstoffreiche, reife Komposterde. In vielen Pflanzenteilen, die wir über das Jahr hinweg abschneiden, können sich Larven, Raupen oder auch Eier von Insekten befinden. Legt man diese lose auf den eigenen Komposthaufen, werden sich diese Vorstadien mit etwas Glück noch weiterentwickeln. Würden sie bei einer Kompostieranlage oder im Hausmüll entsorgt, hätten diese Tiere keine Chance. Der Komposthaufen an sich ist ein Mini-Biotop für viele Tiere,

Dieser Segelfalter saugt Mineralien vom Boden auf.

denn nur mit ihnen funktioniert überhaupt der Verrottungsprozess. Immer wieder berichten Gärtner, dass sie in ihrem Kompost große, weiße Maden gefunden hätten, die sie entfernt hätten. Diese Engerlinge sind jedoch die Käferlarven des bunt schillernden Rosenkäfers, des Gartenlaubkäfers oder des ausgesprochen imposanten Nashornkäfers: Alle drei Arten sind inzwischen selten geworden und stehen unter ganz besonderem Schutz. Und alle drei ernähren sich ausschließlich von verrottendem Holz und Pflanzenteilen, wodurch sie einen nützlichen Beitrag zur Zersetzung der Kompostabfälle leisten.
Nach einem, spätestens nach zwei Jahren wird der Komposthaufen umgesetzt oder der fertige Kompost auf den Beeten verteilt. Er ist fast schwarz, krümelig und riecht angenehm. Verwenden Sie dafür ganz vorsichtig eine Mistgabel und achten Sie darauf, dass sie keine Tiere verletzen. Denn neben den Kleinsttieren können sich auch Erdkröten, Blindschleichen oder sogar Igel eingenistet haben.

VON PFÜTZEN, MATSCH UND TON

Weil es immer weniger Pfützen gibt, haben wir ein ökologisches Problem. Kaum entsteht solch eine Lache, wird sie von uns Menschen schnellstens wieder verfüllt. Dabei stellt sie das kleinste, temporäre Gewässerbiotop dar. Pfützen sind Lebensraum und Wasserstelle für viele Kleinstlebewesen. In noch intakter Natur kann man besonders an heißen Sommertagen dort Schmetterlinge beim Trinken beobachten. Diese brauchen nicht nur das Wasser, sondern nehmen mit dem Wasser darin aus dem Erdreich aufgelöste Mineralien auf.
Ein solches Kleinstgewässer lässt sich leicht anlegen. Ideal ist ein Gartenbereich mit stark tonhaltigem Boden. Dort einfach ein paar Quadratmeter von Vegetation befreien und offen halten. Wer keinen Lehm im Garten hat, kann sich ein paar Eimer von einer Baustelle holen, im Normalfall wird dieser gerne

abgegeben. Eine flache Mulde ausheben und darin den Tonboden mit 15 bis 20 cm Stärke und einer leichten Vertiefung für das Wasser einbauen. Der Bereich sollte insgesamt groß genug sein, um drei Zonen ausbilden zu können: In der Mitte das Wasser, eine feuchte Übergangszone und dann eine trockene Lehmfläche. Falls Sie Kinder haben, lassen Sie sie mit Gummistiefeln in der neuen Pfütze herumtapsen – so wird diese abgedichtet und es macht einen Riesenspaß. Am Randbereich unserer neuen, immer feucht zu haltenden Wasserstelle finden Insekten, wie Lehmwespe oder Tönnchenwegwespe, mit dem feuchten Lehm ideales Bau- und Deckelmaterial für ihre Brutzellen. Schöner Nebeneffekt: Schwalben brauchen für ihren Nestbau tonigen Boden, den auch sie sonst nicht mehr so leicht finden.

ASTHAUFEN, HOLZ, LAUB …

Ein guter Insektengarten mag in manchen Ecken auf den ersten Blick ein wenig „unaufgeräumt“ wirken. Wenn wir die Sichtweise auf unsere Umwelt ändern, werden wir auch den Wert dieser kleinen „Unorte“ erkennen.

WILDNISECKEN

Im Herbst ist es wieder soweit, überall wird Laub herumgeweht, Bäume und Sträucher lassen ihre Blätter fallen, sogar im Staudengarten liegt Blattwerk. Ein Naturgärtner hat die Kreisläufe im Auge, und weiß um den Nutzen dieser Biomasse. Er legt aus all dem zusammengerechten Laub in einem abgeschiedenen Eck – am besten leicht schattig und windgeschützt – einen großen Laubhaufen an. Dieser bietet für viele Tiere Überwinterungsquartiere. In einem größeren Garten kann man auch mehrere Haufen an unterschiedlichen Stellen anlegen. Das erspart Rennerei und erweitert den Strukturreichtum im Garten. So werden sich in einem Haufen, der eher wettergeschützt ist, andere Tiere ansiedeln als in einem feuchten. Auch kann man mit den Blättern ein wenig spielen, indem man die oberste Schicht mit größeren Blättern bedeckt, die somit eine Art Regenschutz bieten. Neben den Zersetzern, die wir auch im Komposthaufen finden, suchen im Laub unterschiedlichste Insekten, Larven von Schmetterlingen und Spinnen, Schutz vor den immer kälter werdenden Temperaturen. Zudem werden sich auch noch Amphibien und kleine Säugetiere wie die Spitzmaus ansiedeln und auch Igel finden hier einen perfekten Überwinterungsort.
Im Frühling ist der Blätterberg erheblich in sich zusammengefallen und viel Laub ist schon zersetzt. Ob man diesen sicherheitshalber noch ein paar Wochen unberührt oder sogar noch eine weitere Vegetationsperiode liegen lässt, hängt von den geplanten Gartenprojekten ab.
Steht Gehölzschnitt an, können die Äste teilweise mit dem Laub vermischt werden. Oder man bildet einen Haufen aus Geäst unterschiedlichster Größe, eine sogenannte Benjes-Hecke. Asthaufen dienen als Versteck für Vögel und als Sonnenplätze für Insekten und Reptilien. Säugetiere wie das Wiesel finden darin Unterschlupf und Überwinterungsplätze.

NEUES LEBEN AUS TOTEM HOLZ

In älteren Gärten wird irgendwann der eine oder andere Baum ganz oder in Teilen absterben. Wenn er nicht der Verkehrssicherungspflicht unterliegt und keine Gefahr darstellt, ist er alles andere als tot. sondern eine ausgesprochen lebendige stehende Totholzstruktur.

Ein Baumstumpf als neue Lebensgrundlage

Bruchholz bietet vielen Wald-Käfern Unterschlupf.

Abgeschnittene Äste zu einer Benjes-Hecke gelegt

In Mitteleuropa sind über 1 700 Käferarten auf sich zersetzendem Holz nachgewiesen worden. Das zieht natürlich auch Spechte an, die sich an diesem gütlich tun, und Fledermäuse, die wiederum die Spechthöhlen besiedeln. Egal, ob im Wald oder Garten, alte Bäume und totes Holz sind oft die letzten Refugien für hochspezialisierte Arten. Somit sollte man auch im Garten alte, „kranke" Bäume möglichst lange stehen lassen oder zumindest den Baumstumpf oder -stamm abgestorbener Bäume erhalten. Solch ein totemähnlicher Pfahl kann als Klettergerüst für Efeu, eine Ramblerrose oder Berg-Waldrebe (z. B. *Clematis montana* 'Tetrarose') dienen. Dickere Äste und Baumscheiben werden in ungenutzten, beschatteten Gartenbereichen gelagert und ungestört über einen längeren Zeitraum liegen gelassen, am besten über Jahre. Auch eine alte Holzlege kann diese ökologische Sonderfunktion übernehmen: Langsam werden sich Pilze und unterschiedlichste Tiere ansiedeln, beispielsweise Bockkäfer. Vor allem die Männchen sind oft faszinierende Gestalten. Am imposantesten anzusehen ist der männliche Zimmermannsbock, dessen Fühler die fünffache Länge seines Körpers haben. Er hat mit die längsten Fühler aller europäischen Bockkäfer. Seine Larven entwickeln sich nur in Totholz.

GESTALTEN MIT PFLANZEN

— *Bepflanzungsideen*

Ein Bläuling saugt an seinem Leibgericht: Wiesen-Klee

Auf dem Rasenweg kommt man gut durch die Wiese.

FASZINATION WIESE

In fast jedem Garten gibt es ihn, den Rasen, der Stolz so manchen Gartenbesitzers, aber auch Ursache für viel Frust. Denn ein Rasen bedarf deutlich mehr Pflege als oftmals vermutet.

WIESE STATT RASEN

Rasen muss regelmäßig gemäht werden, nach dem Winter ist Vertikutieren angesagt, außerdem benötigt er Nährstoffe und besonders in regenarmen Regionen kann man im Sommer oftmals nicht mehr von einer Grünfläche sprechen, so vertrocknet sind die einzelnen Graspflanzen. Und man ahnt es schon, solch eine grüne Monokultur ist artenarm, was die Pflanzen und vor allem auch die Insektenwelt anbelangt. Die zudem in den letzten Jahren immer beliebter gewordenen Rasenroboter sind das Ende des Artenreichtums. Bei ihnen überlebt nicht einmal ein Gänseblümchen.

KRÄUTERRASEN: SAG MIR, WO DIE BLUMEN SIND!

Aus gestalterischen Gründen mag eine Grasfläche wichtig sein, besonders wenn Kinder im Garten eine Spielfläche benötigen oder man eine ruhige Atmosphäre in den Gartendschungel bringen möchte. Ein reiner Rasen ist aber keine Lösung für einen Naturgarten.

Nach der Blüte darf man Margeriten mähen.

Eine gute Alternative ist ein artenreicher Kräuterrasen. Dieser besteht zusätzlich zu den Rasengräsern auch aus mehrjährigen, schnittverträglichen Blütenpflanzen. Sie bilden eine Grund-Rosette am Boden. Wenn der Rasenmäher darüberfährt, überleben sie unbeschadet. Im Kräuterrasen finden sich vor allem im Frühsommer blühende Wiesenstauden wie Margeriten *(Leucanthemum vulgare)* oder Wiesen-Salbei *(Salvia pratensis)*. Besonders der Salbei mit seinen Lippenblüten ist ein beliebter Anlaufpunkt für Wildbienen und Hummeln. Margariten werden gerne von der aggressiv aussehenden, aber völlig harmlosen Feld-Schwebfliege besucht.
Beim Mähen des Kräuterrasens werden blühende Blumeninseln stehen gelassen, größere Teilbereiche dürfen kurz gehalten werden.

MIKROKOSMOS BLUMENWIESE

Eine ganz neue, faszinierende Welt eröffnet sich uns, wenn wir uns mit dem Thema Gräser und Wiesenblumen beschäftigen. Verschiedenste Wiesentypen prägen unsere mitteleuropäische Kulturlandschaft. Und kaum eine Lebensgemeinschaft ist so vielfältig wie eine Naturwiese, die vielen wildlebenden Tierarten einen idealen Lebensraum bietet. Zudem kommt sie an vielen Standorten vor: von trocken bis feucht, von sonnig bis halbschattig. Wiesen scheinen überall zu sein, doch bei genauerer Betrachtung gibt es sie immer weniger. Doch was ist eigentlich eine Wiese? Das genaue Gegenteil zum Rasen: Je ökologisch hochwertiger eine Wiese ist, desto mehr blühende Kräuter enthält sie. Sie bedarf einer geringen Nährstoffversorgung. Düngen ist tabu, denn sonst nehmen die Gräser überhand und die Wildkräuter verschwinden komplett. Ein ähnlicher Effekt tritt bei zu häufigem Schnitt auf: Die Blumen werden reduziert. Und das macht sich auch bei der Tierwelt bemerkbar. Je mehr unterschiedliche Kräuter und seltene Gräser in einer Wiese zu finden sind, desto mehr Insekten sind dort anzutreffen.

Wer in seinem Garten eine bunte Wiese haben möchte, der benötigt eine große, überwiegend sonnige Fläche. Eine Wiese neu anzulegen oder durch Pflege in die richtige Richtung zu lenken, ist gar nicht so leicht, doch es lohnt sich (siehe S. 90). Spätestens wenn die ersten Grillen im Garten zirpen oder Heuschrecken an einem heißen Sommertag ihr unverwechselbares scharrendes Geräusch von sich geben. Bei Beobachtungen von Insektenverhalten wurde festgestellt, dass eine Wiese, welche aus verschiedenen Stockwerken besteht, besonders wertvoll ist. So leben bestimmte Schmetterlingsarten auch in unterschiedlichsten Höhen in einer Wiese. Zudem darf diese auch etwas lückig sein, was vor allem den Bläulingen zusagt. All dies kann ein „klassischer" Kurzschnitt-Rasen nicht bieten.

AUSWAHL AN OBSTGEHÖLZEN

Äpfel sind Allrounder. Bei Birnen sollte man robuste Sorten wählen. Kirschen bevorzugen warme, eher trockene Standorte. Hauszwetschgen sind unproblematisch. Besteht keine Feuerbrandgefahr, ist die Quitte ein sehr attraktives Gehölz.
Bei der Sortenwahl zahlt sich auf alle Fälle Regionalität aus. Denn alte, bewährte Sorten zeichnen sich durch beste Blattgesundheit und gutes Wachstum aus. Sie sind an die jeweiligen Standorte und Böden sehr gut angepasst.

Robuste Apfelbäume und alte Liebhabersorten

- 'Brettacher
- 'Jakob Fischer'
- 'Kaiser Wilhelm'
- 'Prinz Albrecht'
- 'Schöner von Boskoop'
- 'Winterglockenapfel'

Alte, inzwischen selten gewordene Birnensorten

- 'Alexander Lucas'
- 'Clapps Liebling'
- 'Gellerts Butterbirne'
- 'Gute Graue'
- 'Gute Luise'
- 'Pastorenbirne'

STREUOBSTWIESE

Wenn wir in unserem Garten eine Wildblumenwiese anlegen, tun wir viel für die Artenvielfalt. Mit einer ergänzenden, eingestreuten – daher der Name – Anpflanzung von Obstbäumen setzen wir dem Ganzen noch eins drauf: Denn über der an sich schon artenreichen Krautschicht, der Wiese, entsteht ein zweites Stockwerk, der Baum mit seiner Krone. Extensiv bewirtschaftete Streuobstwiesen sind wichtiger Lebensraum für Vögel und Insekten. Bis zu 3 000 Tierarten können dort angetroffen werden, wobei den größten Teil dabei Käfer, Wespen, Hummeln und Wildbienen einnehmen. Streuobstwiesen gehören damit zu den artenreichsten Lebensräumen Mitteleuropas. Allerdings sind sie seit den 1950er Jahren um fast 70 % zurückgegangen. Viele Tiere, die überwiegend in Streuobstwiesen leben, sind deshalb extrem stark gefährdet.

HOCH HINAUS MIT OBST

Es gibt im Frühling wohl nichts Schöneres, als unter einem blühenden Apfelbaum zu sitzen. Obstbäume sind regelrechte Frühlingsboten. Und für einen Obstbaum ist in jedem Garten Platz. Die Gartengröße bestimmt lediglich, ob nur ein Baum gesetzt werden kann oder mehrere. Für die Entscheidung sollte man von dem zukünftigen Kronendurchmesser der ausgewählten Baumart ausgehen und prüfen, wieviel Platz realistisch für die neue Pflanzung ist. Auf keinen Fall zu dicht pflanzen!
Eine weitere Voraussetzung ist ein sonniger Bereich, eine leichte Südhanglage ist förderlich. Als Arten eignen sich vor allem Äpfel und Birnen, aber auch Steinobst wie Kirschen, Zwetschgen oder Pflaumen, vorausgesetzt man wählt robuste Sorten. Zudem sollte

Bei der Anlage einer Streuobstwiese sollten die Bäume weit genug auseinander gepflanzt werden.

man Hochstämme pflanzen, damit die sich unter dem Baum befindende Wiese noch genügend Licht bekommt. Bei Hochstämmen liegt der Kronenansatz bei etwa 1,60 m. Das macht uns beim Mähen das Gartenleben leichter und wir können außerdem an heißen Sommertagen den Naturschatten unter dem kühlenden Blattwerk genießen.

EINE PERFEKTE SYMBIOSE – INSEKTEN UND OBSTBAUM

Spätestens beim Einsatz von Pflanzen, bei denen der Fruchtertrag eine entscheidende Rolle spielen, sollten wir uns über die Befruchtung Gedanken machen. Denn ohne Bestäuber kein Obst. Der natürliche Kreislauf von blütenbesuchenden Insekten, Blühpflanzen und Früchten muss geschlossen sein. Es ist also in unserem eigenen Interesse, die Bestäuber zu fördern und ihnen eine Heimstätte zu bieten. Die herausragende Rolle bei der Bestäubung von Obstgehölzen spielen Honigbienen, aber auch andere Insekten wie Blütenstaub verzehrende Käfer oder Hummeln, die vor allem bei kühler Witterung die Bestäubung übernehmen. Es ist eine perfekte Win-win-Situation: Pollen gegen süße Äpfel. Im Spätsommer reifen die Früchte und die eine oder andere fällt auch auf den Boden. Einfach

Salbei, Margeriten, Glatthafer – schöner geht's nicht

liegen lassen, denn besonders Schmetterlinge sind Schleckermäuler: Sie laben sich an verfaulenden Früchten.

Ein greiser Obstbaum an sich stellt also ein ganz besonderes Biotop dar. Lassen Sie ältere Exemplare unbedingt stehen. Mit ihren Baumhöhlen oder Rindenfluss tragen sie sehr viel zur Struktur- und Artenvielfalt bei. Abgestorbene Baumpartien sind beliebte Wohnplätze für Käfer und deren Larven, was wiederum der Vogelwelt gefällt.

GEHÖLZE – BLÜTEN AM LAUFENDEN BAND

Bäume und Sträucher bringen Struktur in den Garten und schützen vor Einblicken, Wind oder Sonne. Zugleich bieten sie der Tierwelt Deckung, Lebensraum und sind Nahrungsquelle.

Durch eine bewusste Auswahl an Gehölzen können wir Insekten unterstützen. Was allgemein gültig ist, gilt bei Bäumen und Sträuchern ganz besonders: Je mehr heimische Arten, desto mehr profitieren die Insekten.

WILDOBST

Vor allem bei kleinen Gärten ist es wichtig, sich Gedanken über die Gehölzarten zu machen. Mit speziellen Bienenweidegehölzen verbessern wir nicht nur das Nahrungsangebot für Honigbienen, sondern genauso für Wildbienen und andere blütenbesuchende Insekten. Geschickt kombiniert entsteht im Garten ein wertvolles Bienenweide-Blütenband. Einige heimische Gehölze warten zudem mit essbaren Früchten auf. Wildobst erfährt in den letzten Jahren eine wahre Renaissance. So besinnt man sich in Österreich alter, großfruchtiger Sorten der gelb blühenden Kornelkirschen wie dem 'Schönbrunner Gourmet Dirndl'. Auch fast schon verschollen war die Mährische Vogelbeere *Sorbus aucuparia* 'Edulis'. Sie zeichnet sich durch einen hohen Vitamin-C-Gehalt aus und eignet sich gut für Marmelade. Nicht zu vergessen die Schlehe, die den Frühling mit ihrer weißen Blütenpracht einläutet. So früh sie blüht, so spät sind die Früchte genießbar: erst nach dem ersten Frost im Herbst.

Die Felsenbirne hat alles: Blüte, Früchte und Herbstfärbung.

HEIMISCHE BÄUME

Meist werden Bäume auf Grund ihres Aussehens gepflanzt. Doch auch hier gilt: Heimische haben einen deutlich höheren ökologischen Wert. So finden sich auf bei uns gepflanzten nordamerikanischen Eichen lediglich fünf Insektenarten. Im Vergleich dazu auf einer europäischen Stil-Eiche um die 400. Besonders in Städten wurden über Jahrzehnte gerne Platanen als Schattenbäume verwendet. Auf ihnen fühlt sich nur ein Insekt wohl. Ganz im Gegensatz zu den ähnlich aussehenden heimischen Ahornen wie Spitz- oder Berg-Ahorn. Sie werden von unzähligen Insektenarten angenommen.

☞ BIENENWEIDE-BLÜTENKALENDER

PFLANZENNAME	HÖHE IN M	BLÜTEN-FARBE	M	A	M	J	J	A	S	O	ESSBARE FRÜCHTE
BÄUME											
VOGEL-KIRSCHE *Prunus avium*	bis 15	weiß		■	■						●
KULTUR-APFEL *Malus domestica*	4–6	hellrosa			■						●
ECHTE MISPEL *Mespilus germanica*	3–5	weiß			■						●
BLUMEN-ESCHE *Fraxinus ornus*	8–10	cremeweiß			■	■					
VOGELBEERE *Sorbus aucuparia* 'Edulis'	6–12	weiß			■	■					●
WINTER-LINDE *Tilia cordata*	bis 25	gelblich weiß				■	■				
STRÄUCHER											
KORNELKIRSCHE *Cornus mas*	4–7	gelb	■	■							●
SALWEIDE *Salix caprea*	5–8	silbrig-gelb	■	■							
FELSENBIRNE *Amelanchier ovalis*	2–4	weiß		■	■						●
SCHLEHE *Prunus spinosa*	1–3	weiß		■	■						●
WEISSDORN *Crataegus monogyna*	2–6	weiß			■	■					
LIGUSTER *Ligustrum vulgare*	2–5	rahmweiß				■	■				
SCHWARZER HOLUNDER *Sambucus nigra*	5–7	weiß				■	■				●
PIMPERNUSS *Staphylea pinnata*	bis 4	gelblich weiß				■	■				
SOMMERFLIEDER *Buddleja davidii*	3–4	weiß, pink, violett					■	■	■		
MÖNCHSPFEFFER *Vitex agnus-castus*	bis 6	blau					■	■	■		
BESEN-HEIDE *Calluna vulgaris*	bis 0,8	rosa-lila					■	■	■	■	

Die Farbpalette der Rosenblüten reicht von Weiß über Aprikot und Gelb-Orange bis Dunkelrot.

ROSE – KÖNIGIN FÜR INSEKTEN

Eine wahre Entdeckung sind naturnahe Rosen- und Wildrosen. Sie duften meist wunderbar, und ein nicht zu unterschätzender Nebeneffekt ist ihr Nutzen für die Tierwelt.

NATURNAHE ROSEN UND WILDROSEN

Wunderschöne, üppig blühende Rosensträucher stellen keinen Widerspruch zu einem insektenfreundlichen Garten dar. Ganz im Gegenteil. Die Rose gehört zu den wichtigsten Pflanzen im Naturgarten überhaupt – sofern man denn die richtigen verwendet. Für Gartenbesitzer haben sie den großen Vorteil, dass die meisten Wildrosen ausgesprochen robust sind, was sowohl ihre Blattgesundheit als auch ihre grundsätzlichen Standortansprüche anbelangt. Sinnvoll ist ein tendenziell sonniger Standort, wobei auch ein paar Stunden Schatten vertragen werden.
Bei der Wahl der Rosen sollte man darauf achten, dass die Blüten wegen der Pollen kaum bis wenig gefüllt sind. Zudem ist unbedingt ein besonderes Augenmerk darauf zu richten, dass die Arten und Sorten keine Ausläufer bilden.

DES EINEN LEID, DES ANDERN FREUD

Der ökologische Wert von Wildrosen ist sehr hoch. Dies kann man auch sehen, denn neben den fleißigen Hummeln, die den Pollen gerne sammeln, entdecken wir immer wieder auch kleine Fraßschäden an den Blättern. Doch was bedeutet das? Diese Löcher stammen von Raupen späterer Falter oder Käfer, deren Futterpflanze seit Jahrtausenden die Rose darstellt. Der Rose macht das nichts aus – sie treibt ihre Blätter einfach nach, nur wir als Gartenbesitzer müssen unsere Sichtweise ändern. Was stört es schon, wenn ein paar Blättchen für ein paar Wochen durchlöchert sind? Und dafür werden wir später mit einer bunten Vielfalt an Schmetterlingen im Garten belohnt. Wir sollten lernen, das zu akzeptieren und uns von vermeintlichen Idealvorstellungen trennen. Ein tolles Blatt ohne jeglichen Makel heißt auch, dass die Pflanze unserer Tierwelt nicht schmeckt.

Eine weitere Kuriosität sind die Farbnuancen der Wildrosen, vor allem bei der Hundsrose. Das natürliche Farbspektrum heimischer oder naturnaher Rosen liegt zwischen Weiß und Dunkelrosa. Es fällt allerdings auf, dass es hellere und dunklere Blüten gibt. Das liegt nicht etwa an der Besonnung, wie man meinen mag, sondern daran, dass hellere Blüten bereits von einem Insekt befruchtet worden sind – ein Zeichen für andere herumfliegende Bienchen: „Hier brauchst Du es gar nicht mehr zu versuchen, hier ist nichts mehr zu holen!" Welch spannende Koevolution!

HOHER ZIERWERT – GROSSER NÄHRWERT

Rosen blühen im Sommer. Das erfreut uns, aber auch Insekten. Vor allem Hummeln sind völlig aufgeregt, wenn sie sich im Pollenbett einer Rose wälzen. Die Bestäubung hat zur Folge, dass wir im Herbst ein weiteres Highlight unserer Rosen erleben dürfen: die Hagebutten. Jede Wildrose hat ihre eigene Frucht, welche Vögeln gerne als Nahrungsquelle dient. Und auch wir nutzen sie zur Herstellung von Marmelade; der Vitamin-C-Gehalt ist 30-mal höher ist als bei einer Zitrone. Und da ist er wieder, der Kreislauf: schöne Blüte, viele Pollen, die Bestäuberleistung von Insekten, die Früchte und am Ende gesunde, Hagebutten-Konfitüre.

Zu guter Letzt: Wildrosen und naturnahe Rosen sind meist wurzelecht, damit entfällt die oftmals schwierige Kontrolle der sogenannten Wildlinge. Schnittmaßnahmen sind bei diesen Sräuchern nur sporadisch nötig. Aber sie brauchen ausreichend Platz, um sich entfalten zu können!

☞ EINMALBLÜHENDE DUFTROSEN

PFLANZENNAME	BLÜTE	HÖHE IN CM	FRUCHT	BEMERKUNG
APFELROSE *Rosa villosa*	reinrosa, einfach	120–160	+++	Wildrose, keine Ausläuferbildung
DAMASZENERROSE *Rosa damascena* 'Miranda'	satinrosa, halb gefüllt	150	+	Historische Rose, Blütenblätter können geerntet werden
ESSIGROSE *Rosa gallica*	rosarot, einfach	100–150	++	Wildrose, keine Ausläuferbildung
GALLICAROSE *Rosa gallica* 'Officinalis'	rosarot. leicht gefüllt	80–120	++	Historische Rose, Blütenblätter können geerntet werden
HUNDSROSE *Rosa canina*	hellrosa, einfach	150–200	+++	Wildrose, geringer Duft, keine Ausläuferbildung
HUNDSROSE *Rosa canina* 'Van Kiese'	dunkelrosa, einfach	150–250	+++	Historische Rose, keine Ausläuferbildung
KARTOFFELROSE *Rosa rugosa*	rosa, einfach	100–130	+++	Wildrose, geringe Ausläuferbildung
VIELBLÜTIGE ROSE *Rosa multiflora*	reinweiß, einfach	250–300	+++	Wildrose, keine Ausläuferbildung
WEINROSE *Rosa rubiginosa*	rosarot, einfach	200–250	++	Wildrose, keine Ausläuferbildung

IM BUNTEN REICH DER STAUDEN

Eine wichtige Maßnahme im eigenen Garten ist die Verwendung möglichst vieler verschiedener Blütenstauden, die zum Überleben unzähliger Bienen, Hummeln und Schmetterlinge beitragen.

Für fast jeden Standort, von trocken und heiß bis feucht und schattig, gibt es geeignete Stauden. Grenzt man diese unter dem Blickwinkel der Insektenfreundlichkeit ein, bleibt immer noch eine riesige Menge übrig.

IM BLÜTENGARTEN

Richtig geplant kann im Garten vom Frühjahr bis in den Herbst hinein immer etwas blühen. Es geht los im zeitigen Jahr mit Zwiebelblumen, dann kommen die Frühlingsblüher wie das Echte Lungenkraut *(Pulmonaria officinalis)* und andere heimische Stauden, welche überwiegend in der ersten Hälfte des Jahres ihre Blüten zeigen. Im Frühsommer steht uns eine ganze Reihe bunter Wildstauden zur Verfügung. Mit ihnen werden vor allem heimische Wildbienen gefördert, welche Wildblumen-Pollen sammeln, der ihrer Brut als Nahrung dient. Oftmals sind Wildbienen-Sprösslinge so speziell, dass sie nur den Pollen einer Pflanzenart fressen. Hochsommer und Herbst sind die Hochzeit für nordamerikanische Stauden wie Roter Sonnenhut *(Echinacea purpurea)* oder Herbst-Astern *(Aster spec.)*. Alleskönner-Insekten lieben sie, Hauptsache, es gibt viel Pollen und Nektar. Nur dürfen diese Fremdländischen nicht invasiv sein. Auch sollten die Blüten ungefüllt sein, denn je mehr die Pflanzen ihrer Naturform entsprechen, desto höher ist ihr Wert für Bienen, Schmetterlinge und Co.

Nachtviolen sind sehr beliebt bei Schmetterlingen.

FÜR SONNENANBETER

An sonnigen Standorten im Garten bietet es sich an, Freiflächen- oder Steingartenstauden zu pflanzen. Sie sind wärmeliebend bis stark hitzeverträglich. Als Verdunstungsschutz haben sie oft filziges oder wachsbereiftes Laub mit Drüsenhärchen, die ätherische Öle enthalten. Deshalb finden wir unter ihnen auch viele Kräuter.

☞ SONNENLIEBENDE STAUDEN

PFLANZENNAME	BLÜTEN-FARBE	BLÜTE-ZEIT	NEKTAR	POLLEN	INSKETEN-BONUS
FÜR NÄHRSTOFFARME BÖDEN					
SCHAFGARBE *Achillea millefolium*	weiß, rosa, gelb	Juni–Sept.	+	+++	Wildbienen, Schwebfliegen
DIPTAM *Dictamnus albus*	rosa	Mai–Juni	+++	++	Schwebfliegen, Schmetterlinge
KUGELDISTEL *Echinops ritro*	blau	Juni–Aug.	+++	++	Wildbienen, Hummeln, Wespen, Schmetterlinge
MOSCHUS-MALVE *Malva moschata*	rosa	Juni–Sept.	+++	+	Wildbienen, Hummeln, Schwebfliegen
GARTEN-KATZENMINZE *Nepeta × faassenii*	blau	Juni–Sept.	+++	+	Tag- und Nachtfalter, Wildbienen
TÜRKEN-MOHN *Papaver orientale*	rot	Mai–Juni	–	+++	Bienen und Hummeln
HAIN-SALBEI *Salvia nemorosa*	blau	Juni–Sept.	+++	+	Wildbienen, Hummeln, Schmetterlinge
FETTHENNE *Sedum spectabile*	rosarot	Juni–Sept.	+++	++	Wildbienen, Schwebfliegen
ECHTE GOLDRUTE *Solidago virgaurea*	gelb	Juli–Okt.	+++	++	Wildbienen, Hummeln, Schwebfliegen, Schmetterlinge
FÜR NÄHRSTOFFREICHE BÖDEN					
ENGELWURZ *Angelica archangelica*	weiß	Juli–Sept.	+++	++	reicher Insektenbesuch
RAUBLATT-ASTER *Aster novae-angliae*	lila	Aug.–Okt.	+++	+++	Schwebfliegen, Schmetterlinge
MÄDESÜSS *Filipendula ulmaria*	weiß	Juni–Aug.	–	+++	reicher Insektenbesuch, keine Schmetterlinge
BLUT-WEIDERICH *Lythrum salicaria*	purpurviolett	Mai–Okt.	+++	++	Schmetterlinge, Weißlinge
EDEL-PFINGSTROSE *Paeonia lactiflora*	weiß–rot	Juni	–	+++	reicher Insektenbesuch
GELBER SONNENHUT *Rudbeckia fulgida var. sullivantii*	gelb	Juni–Okt.	+++	++	Schwebfliegen, Tagfalter
HEIL-ZIEST *Stachys officinalis*	helllila	Juli–Sept.	+++	+	Wildbienen, Hummeln, Schwebfliegen, Tagfalter
ECHTER BALDRIAN *Valeriana officinalis*	hellrosa	Juni–Aug.	+++	++	Schwebfliegen, Tagfalter, Wildbienen
WIESEN-EHRENPREIS *Veronica longifolia*	dunkelblau	Juni–Juli	+	+++	Schwebfliegen, Tagfalter, Wildbienen

GARTEN-VAGABUNDEN

Man muss schon eine ganz besondere, eine entspannte Einstellung mitbringen, um Zufall und Prozesshaftigkeit im Garten einen größtmöglichen Freiraum zu geben. Zufälle entstehen dort, wo wir als Gartenbesitzer nicht mehr eingreifen, wir der Natur freien Lauf lassen. Es geht um Pflanzen, deren Überlebensstrategie es ist, sich mit Massensaatgut zu versamen, um die Art zu erhalten. Diese Taktik der Pflanzen fordert von uns nicht nur höchste Toleranz, sondern auch genaues Hinsehen. Ist dieser kleine Keimling nun gewünscht oder eher nicht? Es lehrt uns auch zu entscheiden, wie viel wir von einer Pflanzenart haben wollen, uns lenkend einzuschalten und vor allem eine Vorstellung zu entwickeln, wie sich eine Pflanzung in geraumer Zeit entwickeln wird. Was haben diese vagabundierenden Pflanzen mit einem Insektengarten zu tun? Sehr viel! Denn sie haben ein sehr hohes ökologisches Potenzial.

SICH VERSAMENDE ARTEN

Viele Samen bedeuten viele Blüten, die von vielen Insekten bestäubt werden müssen. Da gibt es zum Beispiel Arten, die von nachtaktiven Faltern angeflogen werden wie die Nachtviole *(Hesperis matronalis)*, die stark in der Dämmerung duftet und damit ihre Bestäuber anlockt. Dass die Akelei *(Aquilegia vulgaris)* so viele Samen bildet, grenzt fast an ein Wunder. Denn diese werden entweder nur von Hummeln befruchtet oder Wildbienen müssen die typischen Sporne erst aufknabbern, bevor überhaupt eine Bestäubung möglich ist. Oder die Rote Spornblume *(Centranthus ruber)*, die immer ihren eigenen Kopf durchsetzt, was den Standort anbelangt. Es hat gar keinen Sinn, damit zu rechnen, dass sie dort bleiben wird, wo man sie gepflanzt hat. Sie wird sich ihre Nische selbst suchen. Spornblumen haben Nektar im Überfluss; deshalb können wir an ihnen viele Falter beobachten. Und wie bekommt man diese Vagabunden in

Königskerzen besiedeln gerne sonnige Randbereiche.

Auf nährstoffreichen Böden versamt die Engelwurz.

Wilde Akelei und Nachtviole – eine gute Kombination

☞ PFLANZEN IM FLUSS

PFLANZENNAME	BLÜTEN-FARBE	PFLAN-ZUNG	AN-SAAT	BLÜTE-ZEIT	INSKETEN-BONUS	BESONDERES
STOCKROSE *Alcea rosea*	rot, weiß, gelb	x	x	Mai–Juli	Bienen, Hummeln	sollte trocken stehen wegen Malvenrost, meist zweijährig
AKELEI *Aquilegia vulgaris*	weiß bis dunkel-violett	x	x	Mai–Juli	Wildbienen, Hummeln	für Halbschatten und nährstoffreichen Boden
SPORNBLUME *Centranthus ruber*	pink	x		Juni–Sept.	Nektarspender für Tag- und Nachfalter	liebt schottriges Substrat und Mauerritzen in der Sonne
NATTERNKOPF *Echium vulgare*	blau		x	Juni–Sept.	unverzichtbar für Wildbienen	meist kurzlebig
PRÄRIEKERZE *Gaura lindheimeri*	weiß	x		Dauerblüher im Sommer	Bienenweide	je kiesiger der Standort, desto besser
NACHTVIOLE *Hesperis matronalis*	lila	x	x	Mai–Juli	Nektarspender für Tag- und Nachtfalter	normaler Gartenboden, kurzlebig
LEINKRAUT *Linaria purpurea*	rosa	x		Juni–Sept.	Wildbienen, Schwebfliegen	wachsen auch auf schweren Böden, Sonne
NACHTKERZE *Oenothera biennis*	gelb	x	x	Juni–Sept.	Futterpflanze	wüchsig, ausbreitungswillig
MUSKATELLER-SALBEI *Salvia sclarea*	hellrosa	x	x	Juni–Aug.	Bienen, Hummeln	bei zusagendem Standort wüchsig, meist kurzlebig
SAMT-NELKE *Silene coronaria*	pink	x	x	Juli–Aug.	Schmetterlinge	normaler Gartenboden
DUNKLE KÖNIGS-KERZE *Verbascum nigrum*	gelb mit rötlichen Staubfäden	x	x	Juni–Sept.	Wildbienen, Raupenfutterpflanze	durchlässiger Gartenboden, kurzlebig

den Garten? So preisgünstig eine Aussaat ist, nachteilig ist, dass besonders die Keimlinge anfällig für Schnecken oder Trockenheit sind. Es ist deshalb sinnvoll, zunächst Pflanzen zu setzen, die sich dann versamen. Ab da muss man genau beobachten, was die kleinen Keimlinge ab dem nächsten Jahr machen. Bei Stauden, die man zum Versamen kauft, ist unbedingt auf Wildformen zu achten. Zudem sollte man diese aus einer Bio Stauden-Gärtnerei beziehen. Man kann auch Samenstände an einem geeigneten Standort auslegen und abwarten, ob sich im kommenden Jahr durch die ausgefallenen Samen die ersten Keimlinge bilden. Sehr gut funktioniert das mit Stockrosen oder Königskerzen.

PFLANZEN MIT ÖKOLOGISCHER BEDEUTUNG

Ein wichtiges Lockmittel für das Anfliegen und Wiederfinden einer Blüte ist der Duft. Oft profitieren wir Menschen davon, wenn unser Geruchssinn Ähnliches mag wie eine Biene. Man denke da nur an den wunderbaren Rosenduft. Anders ist es bei Margeriten, deren Geruch die meisten Menschen als unangenehm empfinden, wohingegen viele Käfer und Schwebfliegen gar nicht genug davon bekommen können. Das nächste Kriterium ist die Blütenfarbe. Heimische Bienen sehen vor allem Gelb, Blau und Rosa sehr gut. Deshalb gibt es in unserer Natur in diesem Farbspektrum sehr viele Blütenpflanzen, da sich diese mit den Wildbienen und anderen Arten gemeinsam entwickelt und aneinander angepasst haben.

Es gibt aber sehr wohl rot blühende Gartenstauden, doch diese stammen durchgängig von anderen Kontinenten. Rote Blüten werden von unseren heimischen Wildbienen in der Regel überhaupt nicht angeflogen, weil sie sie schlicht nicht wahrnehmen. So schade dies sein mag, aus Bienenaugen-Sicht sind diese Pflanzen damit wertlos. Anders verhält es sich bei Faltern: Diese finden wir immer wieder auch an roten Blüten, wenn die Blüten süßen Nektar liefern. Denn Schmetterlinge erkennen die Farbe Rot.

☞ TOP TEN DER POLLEN- UND NEKTARPFLANZEN

PFLANZENNAME	BLÜTENFARBE	BLÜTEZEIT	NEKTAR	POLLEN	BEMERKUNG	ZIERWERT
RAPS *Brassica napus*	gelb	Sommer	++++	++++	Zwischensaat bei Gemüse	+
WILDE KARDE *Dipsacus fullonum*	lila	Frühsommer	+++	+	kurzlebig, versamend	+++
ECHTES LABKRAUT *Galium verum*	gelb	Sommer	+++	++	Ansaat	+++
TÜPFEL-JOHANNISKRAUT *Hypericum perforatum*	gelb	Sommer	–	+++	Sonne, trocken	+++
HORNKLEE *Lotus corniculatus*	gelb	Sommer	+	+++	Ansaat, gute Futterpflanze	++
STEINKLEE *Melilotus officinalis*	gelb	Sommer	++++	+++	durchlässiger Boden	++
IMMENBLATT *Melittis melissophylum*	rosa-weiß	Sommer	+++	++	dekorative Schattenpflanze	+++
ESPARSETTE *Onobrychis viciifolia*	pink	Sommer	++++	++++	Ansaat, gute Futterpflanze	+++
LUNGENKRAUT *Pulmonaria officinalis*	blau	Frühling	++	++	dekorative Schattenpflanze	+++
TEUFELSABBISS *Succisa pratensis*	lilablau	Sommer	++++	+++	feucht	+++

☞ FUTTERPFLANZEN FÜR TAG- UND NACHTFALTER

PFLANZENNAME	BLÜTENFARBE	ZAHL DER FALTERARTEN	ZIERWERT
FLOCKENBLUME *Centaurea jacea*	pink	5	+++
BUNTE KRONWICKE *Coronilla varia*	rosa	9	++
ZYPRESSEN-WOLFSMILCH *Euphorbia cyparissias*	grünlich	7	+++
ECHTES MÄDESÜSS *Filipendula ulmaria*	weiß	7	+++
WIESENKNOPF *Sanguisorba minor*	grün-rot	5	++
HUFEISENKLEE *Hippocrepis comosa*	gelb	9	+++
SPITZWEGERICH *Plantago lanceolata*	grün	14	–
WIESEN-SALBEI *Salvia pratensis*	blau	7	+++
BRENNNESSEL *Urtica dioica*	grün	21	–

GANZ BESONDERE LECKERBISSEN

Für Bienen und Schmetterlinge ist es überlebenswichtig, von Frühling bis Herbst ein durchgängiges Nahrungsangebot zu bekommen. Doch für einige Blumen haben sie ein ganz besonderes Faible entwickelt (siehe Tabelle S. 74). Manche von ihnen lassen sich allerdings nur schwer in einen Garten einfügen. Diesen sollte man ein „wildes Eckchen" zugestehen oder auch mal Toleranz walten lassen.

OHNE FUTTER KEINE FALTER

Die meisten der schon erwähnten Insekten-Highlights sind zusätzlich auch wichtige Futterpflanzen für die Raupen der Schmetterlinge. Eine reiche Falterpopulation gibt es nur dort, wo genügend Raupenpfutter-Pflanzen wachsen.

Das große Problem unserer Schmetterlinge ist, dass deren Raupen stark an eine bestimmte Pflanzenart gebunden sind. Und nur dort, wo diese Pflanze vorkommt, kann sich auch ein Falter entwickeln. Es reicht also nicht, den Schmetterlingen nektarreiche Blüten anzubieten, sie brauchen für ihre Entwicklung auch ihre Futterpflanzen. Und diese sind oft unscheinbar oder in einem Garten nicht mehr zu finden. So sind auch viele Gräser sehr wichtige Futterpflanzen für Falter. Doch in einer grünen Rasenmonokultur treffen wir hochwertige Gräser wie die Aufrechte Trespe *(Bromus erectus)* nicht an. Ähnlich verhält es sich mit der Brennnessel, eine der besten Raupenfutter-Pflanzen.

Raupe des Königskerzen-Mönchs auf ihrer Futterpflanze

In Bauerngärten wachsen Gemüse, Kräuter und Blumen gemischt.

Die Blüten des Schnittlauchs sind bei Schmetterlingen als Nektarspender sehr beliebt.

BAUERNGÄRTEN

BUNT, SCHÖN & VIELFÄLTIG

Legen wir einen Bauerngarten an, orientieren wir uns an der traditionellen Vorstellung von Vielfalt: Zwischen unterschiedlichstem Gemüse und Kräutern kommen auch Blumen zum Blühen. Diese können als Samen eingestreut werden wie die Ringelblume oder als Stauden wie Rittersporn bewusst gesetzt werden. Große mehrjährige Gemüsearten wie Rhabarber ergänzen das Beet. Wunderschön ist auch Spargel, wenn man einige Stangen durchtreiben lässt. Er hat recht unscheinbare Blüten, dafür im Herbst rote Beeren, die den Bauerngarten mit bunten Tupfern schmücken. Zudem ist er eine wichtige Trachtpflanze mit hohem Pollen- und Nektarwert.
Die Grundstruktur des Gemüsegartens kann geordnet, eingefasst mit Kräutern, Immergrünen oder ein wenig wild sein: Insekten sind nicht wählerisch, Hauptsache, das Blütenangebot stimmt.

ESSBARE BLÜTEN

Bei machen Blüten müssen wir uns entscheiden: Essen wir sie selbst oder lassen wir sie für die Bienen stehen. Mit essbaren Blüten kann man Farbakzente in Speisen bringen. Einige dieser schmackhaften bunten Schönheiten sind einjährig, versamen sich aber recht willig. Dazu gehört Borretsch: Zum einen schmecken dessen junge Blätter hervorragend im Salat, zum anderen sind seine blauen Blüten wahre Deko-Allrounder. Doch das Beste an Borretschblüten ist, dass sie unübertreffliche Bienen- und Hummelmagneten sind.

ESSBARE BLÜTEN

Einjährige Kräuter & Sommerblumen
- Borretsch
- Kamille
- Kapuzinerkresse
- Kornblume
- Malve
- Ringelblume

Zwiebelpflanzen
- Bärlauch
- Schnittlauch

Stauden
- Duftnessel
- Gänseblümchen
- Monarde
- Schlüsselblume
- Taglilien
- Veilchen

Gehölze
- Holunder
- Lavendel
- Rosen

Salate, Mangold, Kapuzinerkresse – wunderschöne bunte Mischung für Gemüsegärten.

Stockrosen zählen zu den Klassikern im Bauerngarten. Sie locken Bienen und Hummeln an.

Dill kennt man als Gewürzpflanze mit aromatischen Blättern. Lässt man ihn zum Blühen kommen, schmückt er mit seinen aparten, grünlichen Dolden das Gemüsebeet und erfreut Wildbienen. Dillblüten sind unersetzlich beim Einmachen von Gurken.
In einem etwas abseits gelegenen Gartenbereich darf sich Bärlauch ausbreiten. Achtung: Ist er einmal etabliert, wird man ihn nicht mehr los. Er mag schattige Plätze, am liebsten unter Gehölzen. Als zeitiger Frühjahrsblüher ist er ein guter Nektar- und Pollenspender. Neben den Blättern kann man auch die Blüten essen und die Knospen als „Bärlauch-Kapern" einlegen.

MEDITERRANE KRÄUTER

Mit der richtigen Bepflanzung kann man einen aromatischen Würzgarten erschaffen. Voraussetzung dafür ist ein sonniger Standort, mit kiesigem Substrat. Da fühlt sich auch Lavendel wohl. Schön ist es, wenn man ihn als Sämling pflanzt. In großer Zahl gesetzt, ergibt sich ein schönes Farbspiel: Keine Pflanze wird der anderen exakt gleichen, sondern mal mit hellerem, mal mit dunklerem Blau verzaubern. Und auch der Blühzeitpunkt wird bei ihnen unterschiedlich sein. Gefällt ihm der Standort, versamt sich Lavendel.
Die meisten unserer beliebten Küchenkräuter sind Lippenblütler wie Rosmarin oder Thymian. Sie haben unzählige kleine Blüten, an denen Insekten gerne naschen. Zudem blühen sie auch über einen langen Zeitraum. Wichtig ist, dass man nicht alle Spitzen fürs Kochen verwendet, sondern einige blühen lässt.

KRÄUTER FÜR INSEKTEN

Einjährige Kräuter
- Basilikum
- Borretsch
- Dill
- Koriander

Mehrjährige Kräuter für sonnige Standorte
- Bohnenkraut
- Oregano
- Rosmarin
- Salbei
- Thymian

Mehrjährige Kräuter für normalen Gartenboden
- Beinwell
- Duftnessel
- Gewürz-Fenchel
- Gundermann
- Katzenminze
- Liebstöckel
- Minzen
- Monarde
- Pimpinelle
- Zitronenmelisse

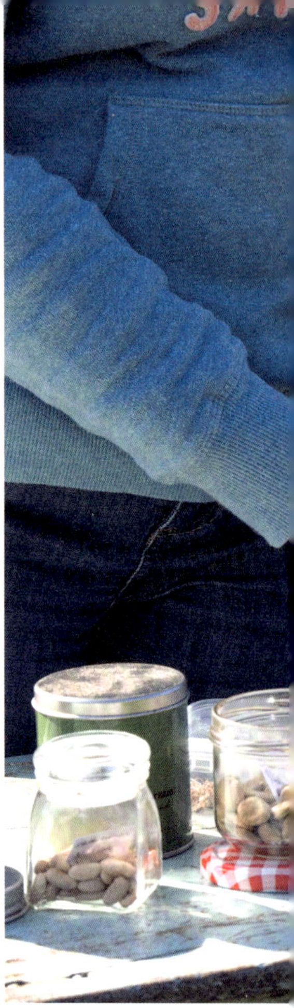

01

ZURÜCK ZU DEN ANFÄNGEN

— *Samenproduktion ganz einfach*

Bienen, Schwebfliegen, Käfer – alle diese Tiere bestäuben Blüten, aus denen sich daraufhin Samen entwickeln. Diese zu sammeln kann zur Passion werden.

Über 10 000 Jahre lang war es landwirtschaftliche Tradition, einen Teil der Ernte als Saatgut zurückzubehalten, um es in der nächsten Saison wieder auszusäen. Dieser sogenannte Nachbau setzt allerdings samenfeste Sorten voraus. Deshalb ist es heute wichtig, dass die ursprüngliche Aussaat nicht mit Hybridsaatgut gemacht wurde. Denn diese Pflanzen setzen wenige Samen an und die Eigenschaften der nachgezogenen Pflanzen sind schlecht. Samenfestes Saatgut erhält man nur noch über besondere Bio-Saatgutproduzenten. Lassen Sie einen Teil Ihrer Salat-, Rucola- oder Spinatpflanzen zum Blühen kommen. Aus den Samen lassen sich neue Pflanzen ziehen. Wieder einen Teil stehen lassen und abwarten. So funktioniert der Kreislauf – ohne Hybridsaatgut.

Viele unserer Nutzpflanzen sind Kreuzblütler; sie sehen sehr hübsch aus in der Blüte und sind vor allem sehr beliebt bei den Bienen. Auch bei der Zucht und dem Sammeln von Bohnen kann man sehr leidenschaftlich werden. Denn deren Vielfalt in Form, Farbe, Wuchs und Geschmack ist überwältigend.

Mit diesen Pflanzen geht es ganz einfach – unter der Voraussetzung, es wurde das richtige Saatgut verwendet: Bohnen, Kürbis, Melonen, Zucchini, Paprika, Peperoni, Salate, Rucola, Tomaten und Zuckermais.

02

03

04

01 Hat man Saatgut im Überfluss, kann man es verschenken oder auf Saatgutbörsen tauschen. Indem man Saatgut sammelt und tauscht, trägt man zum Erhalt alter und ursprünglicher Sorten bei, von denen seit 1900 weltweit bereits über 75% verloren gegangen sind (lt. Ernährungs- und Landwirtschaftsorganisation der Vereinten Nationen FAO).

02 Das Silberblatt pflanzen wir auch wegen seiner wunderschönen Samenstände.

03 Samen sind faszinierend und vielfältig in Farbe, Form und Größe.

04 Vorsichtig wird das trockene Saatgut ausgeschüttelt, am besten direkt über einem Stück Papier.

GARTENPRAXIS IM INSEKTENGARTEN

— *anlegen & pflegen*

DIE GRUNDREGELN DES GÄRTNERNS

Vieles, was so selbstverständlich erscheint, ist fast schon in Vergessenheit geraten. Wenn man um die Zusammenhänge in der Natur weiß, diese beherzigt und umsetzt, wird auch das Gartenleben einfacher.

GRUNDREGEL 1: DER BODEN IST DIE BASIS

Der Boden ist immer das A und O für das Wachsen und Gedeihen unserer Pflanzen. Trotzdem reden wir von ihm, als hätten wir es mit einer Materie zu tun, statisch, ohne Leben. Und dabei können in einer Handvoll Erde mehr Lebewesen sein als Menschen auf unserem gesamten Planeten. Nur sehen wir die meisten mit bloßem Auge nicht. Mit diesem Wissen ist es fast selbstverständlich, dass man mit Erde achtsam umgehen muss. Intensive Düngung und Gifte zerstören dieses fragile Gefüge. Aber auch mechanische Bodenbearbeitung ist mit Bedacht durchzuführen, denn dabei wird oft im wahrsten Sinne das Unterste zum Obersten gemacht. Nicht ohne Grund wird heute in der biologisch-dynamischen Landwirtschaft auf das klassische Pflügen verzichtet.

Und wie können wir zusätzlich dem Erdreich etwas Gutes tun? Keine großen Flächen offen lassen, sondern mit Bewuchs bedecken, das fördert die Humusbildung und der Boden trocknet nicht aus. Für den Gemüsegarten eignet sich zwischendurch auch eine Gründüngungssaat wie Bienenfreund *(Phacelia)*, welche zudem ein zusätzliches Nahrungsangebot für Hummeln & Co. darstellt.

GRUNDREGEL 2: KEIN GIFT IM GARTEN

Schön und gesund haben sie sich entwickelt, unsere Gartenrosen, haben Blüten angesetzt, noch ein paar Wochen und sie werden eine wahre Freude sein. Und dann dieses Bild: Knospen voller Läuse. Und nun? Ganz klar: Finger weg von chemischen Pflanzenschutzmitteln. Wenn es zu viele Läuse sein sollten, kann man sie mit einem starken Wasserstrahl abspülen. Ansonsten werden sich in kürzester Zeit Marienkäfer, deren Larven oder Florfliegen einfinden, deren Leibspeise eben diese Blattläuse sind.

Wenn im späten Frühjahr die Blüten des Gewöhnlichen Schneeballs *(Viburnum opulus)* verblüht sind, passiert es häufig, dass seine grünen Blätter von unzähligen Raupen völlig zerfressen wurden. Aus der Sicht eines Gartenbesitzers ein trauriger, schier unerträglicher Anblick!

Zugleich ist das Frühjahr aber auch Zeit der Jungvögel. Wie sehr freuen wir uns, wenn wir im Garten die Nesttätigkeit von Blaumeisen beobachten, dann das durchdringende Gezwitscher hungriger Mäuler hören und wir den gestressten Vogeleltern beim Sammeln von Nahrung zusehen. Wie notwendig ist gerade jetzt das Massenauftreten dieser Raupen,

01

02

03

aus denen übrigens später keine Schmetterlinge, sondern Schneeball-Blattkäfer werden. Leider wird dieser schöne Strauch kaum noch gepflanzt und man sieht ihn immer weniger in den Gärten.
An diesen zwei Beispielen erkennt man, dass Sachverhalte immer im Zusammenhang und mit den Konsequenzen zu betrachten sind. Sobald wir Menschen diese Kette verändern oder unterbrechen, kommt das Ganze aus dem Gleichgewicht. Meinen wir Gartenbesitzer es ernst mit der Insektenwelt, müssen wir auch solche Ereignisse ertragen. Weder die Rose noch der Schneeball werden daran eingehen.
Selbstverständlich ist im naturnahen Garten auf chemisch-synthetische Pflanzenschutzmittel und Dünger komplett zu verzichten.

GRUNDREGEL 3: VOM STANDORT AUSGEHEN

Wollen wir Pflanzen setzen, einen Garten anlegen, dann sollten wir Gärtner immer vom jeweiligen Standort ausgehen. Eine sonnenliebende Pflanze will nicht im Halbschatten wachsen, Rhododendron nicht im Kalk und eine Sumpfpflanze benötigt Feuchtigkeit. Wenn wir diese Grundregeln beachten, bleiben die Pflanzen gesünder, widerstandsfähiger gegenüber Krankheiten und können sich nach einem Schädlingsbefall wieder besser regenerieren.

01 *Für erfolgreiches Gärtnern ist eine gute, von kleinsten Bodenlebewesen durchsetzte Bodenstruktur nötig.*

02 *Marienkäfer gehören zu den wichtigsten Helfern bei der Bekämpfung von Blattläusen.*

03 *Mulch, am besten aus getrocknetem, organischem Material, schont und fördert den Boden.*

Unterschlupf für Wildbienen. Je härter das Holz, umso besser.

Skulptural und künstlerisch gestaltete Insektenwohnungen aus einem Hartholzstamm

BAUPROJEKTE FÜR DIE INSEKTENBEOBACHTUNG

Der natürlichste Ort, um Insekten zu beobachten, sind Blüten, ohne die sich Bienen & Co. gar nicht einfinden würden. Doch da sie auf Nahrungssuche sind, haben sie es meist sehr eilig.

Hektisch krabbeln sie schnell in eine Blüte, dann geht es weiter, bevor wir sie in Ruhe angeschaut haben. Wenn Insekten allerdings trinken, dann haben wir etwas mehr Zeit, ihnen zuzusehen. Oder wir bieten ihnen spezielle Plätze, wo wir sie, ihr Brutverhalten und ihre Lebensweise ganz besonders gut beobachten können: ein Insektenhotel.
Solche Nisthilfen stellen inzwischen eine wichtige Ergänzung in naturnahen Gärten dar, da es leider natürlicherweise nicht mehr genügend Strukturen wie Totholz oder hohle Halme gibt, die über den ganzen Winter bis zum Frühjahr intakt bleiben. Deshalb sind viele Wildbienen und andere Insekten inzwischen auf die Mithilfe von Menschen angewiesen.

INSEKTENHOTELS UND NISTHILFEN

Der geeignete Standort für alle Arten von Wildbienenhotels oder Nisthilfen ist sonnig, vor Nässe und Wind geschützt und zudem nach Südosten ausgerichtet. Sie sollten solide gebaut sein und frei, ohne störende Zweige stehen, damit die Bienen beim Landeanflug

Insektenhotel – mit einem Hasendraht geschützt, damit Vögel die Untermieter nicht erwischen.

In diesem geschützt aufgestellten Kasten überwintern Florfliegen, deren Leibspeise Blattläuse sind.

nicht irritiert werden. Da unsere heimischen Wildbienen sehr eigen sind, werden sich von den etwa 550 Arten gerade mal 30 bis 40 in der neuen Hotelanlage einfinden. Doch dies mit ziemlicher Sicherheit, vorausgesetzt, es leben genügend in der Umgebung. Und um so viele wie möglich ansiedeln zu können, ist es wichtig, ein breites Spektrum an Nistmöglichkeiten anzubieten. Anstatt ein fertiges Insektenhotel zu kaufen, kann man auch eines mit all seinen Unterschlupfmöglichkeiten selbst entwickeln und bauen (siehe S. 121)

IN DIE RÖHRE GESCHAUT

Jedem Tierchen sein Pläsierchen. Eine erfolgreiche Besiedelung von eigens hergestellten Nisthilfen erhält man am ehesten bei Wildbienen, welche von Natur aus Hohlräume oder Röhren besiedeln. Um viele Insektenarten anzusprechen, sollten diese „Wohnhöhlen“ aus verschiedenen Materialien bestehen und deren Eingänge unterschiedliche Durchmesser haben. Denn der Kopf des arterhaltenden Weibchens gibt hier den Ton an, sprich er bestimmt die Größe des Durchmessers. Sie wird nur in einen Gang schlüpfen, der ihrer Körperfülle angemessen ist.

BABYSTATION IM NISTHOLZ

Eine weitere Möglichkeit, Wildbienen, die ihre Nester in Röhren bauen, einen Platz anzubieten, sind mit Löcher versehene Harthölzer. Am besten holt man sich von einer Schreinerei gut abgelagerten Holzabfall, zum Beispiel von Eiche oder Buche, auf keinen Fall weiches Nadelholz wie Fichte. Denn dieses hat die Eigenschaft, bei Feuchtigkeit stark zu quellen und dann stellen sich die Holzfasern auf. In die ziegelsteingroßen Hartholzblöcke, werden nun Löcher mit ganz unterschiedlichen Durchmessern gebohrt, von 2 bis 9 mm und einer Tiefe von 5 bis 10 cm. Der Abstand

HOHLRÄUME MIT EINBLICK – BESSER NICHT!

Gut gemeint, aber nicht praktikabel, sind Plexiglasröhrchen zur Beobachtung des Brutverhaltens von Wildbienen. Das Problem ist, dass diese Röhren luftundurchlässig sind. Der Pollen verschimmelt und die Brutzellen verpilzen.

EINFACHE NISTANLAGEN

Pflanzenröhrchen im Bündel

Asyl für Marienkäfer

Eine Wohnung für Ohrwürmer

01

Hohle Pflanzenstängel wie von Bambus, Schilf oder anderen Gräsern eignen sich bestens für eine schnelle Behausung. Aber auch Zweige mit markigem Inneren wie dem von Holunder- oder Himbeer-Stängeln sind gutes Baumaterial für eine Insektenwohnung. Scheren- und Löcherbienen sind in der Lage, das Mark aus den Stängeln selbst zu entfernen. Die Röhrchen werden gut gebündelt oder in eine Dose gesteckt. Wichtig ist, dass das Material vorne beim Einflugloch sauber und glatt abgeschnitten wurde und dass die gegenüberliegende Seite verschlossen ist. Nur dann werden sich die Wildbienen wie Maskenbiene oder Harzbiene ansiedeln.

02

Kaum ein Käfer ist beim Menschen so beliebt wie der Marienkäfer. Sie werden gut ein Jahr alt und überwintern als fertige Insekten. Marienkäfer übernehmen eine wichtige Bestäuberfunktion und sind zugleich hervorragende Nützlinge im Garten: Ein Marienkäfer vertilgt im Laufe seines Lebens mehrere tausend Läuse. Um die gepunkteten Gesellen zu fördern, können wir im Garten Marienkäferquartiere aufstellen oder -hängen. Am besten dort, wo es auch Nahrung gibt: bei Pflanzen, die von Läusen befallen sind. Das Quartier sieht wie ein Vogelhäuschen aus, ist aber mit Holzwolle verfüllt und von unten mit Einschlupflöchern versehen.

03

Zu Unrecht haben Ohrwürmer eine schlechte Lobby. Sie sind weder Würmer noch kriechen sie in die Ohren. Sie sind vielmehr unersetzbare Nützlinge imGarten und unermüdliche Läusevertilger. Zwicken werden sie nur, wenn sie sich verteidigen, aber selbst das tut nicht weh. Setzt man sich mit der Lebensweise dieser verkannten Insekten auseinander, entdeckt man faszinierende Aspekte: So kümmern sich Ohrwurm-Weibchen unermüdlich um die Brut, wenden sie, beschützen sie oder tragen sie auch mal an einen besseren Ort. Fördern kann man diese nachtaktiven Tiere, indem man ihnen einen Rückzugsort für den Tag anbietet: mit Stroh oder Holzwolle gefüllte Tongefäße.

zwischen ihnen sollte so weit auseinanderliegen, dass das Holz später nicht reißen kann. Wichtig ist dabei, dass die Löcher nicht in das Hirnholz, sondern längs dazu gebohrt werden. Am Ende muss noch die Oberfläche, dort wo die Eingänge zu den künftigen Kinderstuben sind, glatt geschliffen werden, falls kleine Fasern die Öffnungen stören. Übrigens werden die Löcher nicht nur als Nistplatz benutzt, auch bei schlechtem Wetter oder in der Nacht krabbelt das eine oder andere Insekt zum Schutz hinein.

HUMMELPENSION ODER -PASSION?

Viele Hummeln sind ähnlich unserer Honigbiene staatenbildend. Einige anspruchslose Arten wie die Gartenhummel oder Steinhummel siedeln sich relativ gut in Hummel-Nistkästen an. Hierfür gibt es recht teure Fertigmodelle aus Holzbeton oder man baut sich selbst eines aus Holz, wofür es unterschiedlichste Bauanleitungen gibt (siehe S. 121). Die Grundfläche des Nistkastens sollte mindestens 400 cm^2 betragen – der Kasten soll ja Platz für einen kleinen Staat gewähren. Der besondere Reiz dieser Kästen liegt vor allem darin, dass man damit im Garten Hummeln halten und sie vor allem in Ruhe beobachten kann.

Einige Hummeln lieben Höhlen, am liebsten sogar unterirdische. Natürlicherweise beziehen sie alte Mauselöcher, doch auch diese finden Erdhummeln heutzutage immer weniger. Eine einfache Möglichkeit, ihnen eine Nisthilfe anzubieten, ist ein umgekehrt in die Erde vergrabener Blumentopf aus Ton. Dieser wird zur Hälfte mit trockenem Nistmaterial wie Heu angefüllt. Wenn dieses auch noch nach Mäusen riecht, dann ist der Einzug fast vorprogrammiert. Wichtig ist, dass keine Staunässe entstehen kann, am besten wird deshalb eine kleine Dränschicht eingebaut und das Blumentopf-Loch, das als Einflugloch dient, von oben gegen Regen geschützt, beispielsweise mit einem Dachziegel.

Nicht nur Wildbienen suchen sich im Herbst langsam ein passendes Winterquartier: So gibt es zum Beispiel auch Schmetterlinge wie das Tagpfauenauge, die als Falter überwintern. Dazu fliegen sie gerne in einen alten Schuppen oder eine Garage. Eine kleine Öffnung wie ein gekipptes Fenster reicht ihnen, um Einlass zu finden.

ZIEGEL GIBT DEN TON AN

Normale Hohlziegelsteine sind unbrauchbar, da deren Hohlräume viel zu groß sind. Das einzige Sinnvolle, was man damit tun kann, ist, sie mit kleineren Röhren zu befüllen. Dagegen eignen sich sogenannte Strangfalzziegel, die man früher für Dächer verwendet hat, hervorragend. Nur muss man diese halbieren, denn sonst sind die Röhren zu lang und die kleinen Larven sitzen dann zu weit hinten und schaffen es oftmals nicht heraus. Den hinteren Teil mit Watte oder Lehm verschließen! Solche Ziegel lassen sich wunderbar auch in eine Trockensteinmauer integrieren.

Doppelfunktion: Sichtschutz und Insektenwohnung

IM INSEKTENGARTEN DURCH DAS JAHR

Viele Arbeiten und Aufgaben, die im Laufe eines Jahres im Insektengarten anfallen, scheinen kaum von „normaler" Gartenarbeit abzuweichen. Doch bei genauerer Betrachtung ist der Unterschied erheblich.

FRÜHLING IM INSEKTENGARTEN

Jetzt bieten die ersten Frühlingsblüher wie Weiden oder Krokusse den nun schon ausfliegenden Insekten wie Hummeln wichtige Nahrungsgrundlage für die nächsten Monate.

PFLEGEN UND JÄTEN

Die Frühjahrsarbeit ist die Grundlage für das bevorstehende Vegetationsjahr. Die nicht im Winter verrotteten, abgestorbenen Stauden-

01

Checkliste

FRAGEN VOR DER ANSAAT

- ☐ Hat der Standort genug Licht? → am besten sonnig
- ☐ Wie ist der Boden? → möglichst eher trocken und mager
- ☐ Wie steht es mit der Konkurrenz mit anderen Pflanzen? → möglichst gering
- ☐ Soll der neue Bereich wiesenartig sein, auch mit schönen Gräsern, oder mehr wie ein Saum mit vielen bunten Kräutern?

02

03

04

teile werden nun beseitigt, damit sich die Pflanzen ungestört entwickeln können. Dabei sollten die abgeschnittenen Stängel noch eine Weile in einem Garteneck liegen bleiben dürfen, denn es kann sein, dass ein paar Insekten darin überwintert haben.
Bei den ersten Jäte- und Pflegegängen können dominante, jetzt gut zu erkennende Wurzelunkräuter entfernt werden, ohne anderen Pflanzen Schaden zuzufügen. Für diesen manuellen Frühjahrscheck im Beet sollte man sich unbedingt Zeit nehmen, das erspart später viel Ärger. Durch Zufall ausgegrabene Käferlarven werden sofort wieder an derselben Stelle eingegraben, um ihre Entwicklung nicht zu stören.

ANSAATEN

Das Frühjahr ist die rechte Zeit für Ansaaten. Im Insektengarten sind dies Anlagen unter Verwendung von standortgerechtem und lokalem Saatgut. Bevor man sich allerdings an die praktische Umsetzung macht, sind einige Fragen zu klären, deren Antworten die Wahl des Saatgutes beeinflussen. So wird man bei einem nährstoffreichen Boden auf eine andere Samenzusammensetzung zurückgreifen müssen als bei einem mageren. Ähnliches gilt für die Besonnung. Es ist beispielsweise sinnlos, in einer schattigen Gartenecke einen sonnenliebenden Wildblumensaum anzulegen, nur weil einem die Blumen gefallen. Je genauer man sich mit der Ausgangslage auseinandersetzt und plant, desto erfolgversprechender wird die neue Blütenpracht sein.

01 Für die Aussaat wird der Boden mit einem Rechen vorbereitet.

02 Eine Elfenkrokusblüte bietet Bienen den ersten Pollen.

03 Diese zarten Keimlinge sollten bald vereinzelt werden.

04 Besser zwei Saatbohnen stecken, oft gehen nicht alle auf.

Checkliste

DIE WICHTIGSTEN ARBEITEN IM FRÜHJAHR

- ☐ Insektenhotels aufstellen
- ☐ Abgestorbene Reste von Stauden zurückschneiden
- ☐ Erster Jäte- und Pflegegang
- ☐ Bodenarbeiten
- ☐ Frostempfindliche Gemüsepflanzen im Haus vorziehen
- ☐ Saatgut und Stauden für Neupflanzungen besorgen
- ☐ Stauden setzen
- ☐ Ansaaten

Das A und O ist das richtige Saatgut. Es gibt inzwischen sehr gute Bezugsquellen für Wildblumenmischungen, die auf unterschiedliche Ansprüche abgestimmt sind (siehe S. 121). So sind auch manche ganz speziell für Schmetterlinge und Wildbienen entwickelt worden, die sich schon ab dem ersten Jahr einfinden.

Zunächst wird der Boden vorbereitet, ein sogenanntes Saatbeet angelegt. Dazu muss jegliche Vegetation sauber entfernt werden. Dies erreicht man am besten durch Abstechen der obersten Pflanzenschicht. Bei Neuanlagen ist darauf zu achten, dass kein zu nährstoffreicher Boden auf den zukünftigen Ansaatflächen verteilt wird. Man kann sogar so weit gehen und besonders mageren Boden ausbringen. Dies scheint jeglicher gärtnerischen Praxis zu widersprechen, aber unsere heimischen bunten Blühkräuter sind ganz besondere Hungerkünstler, sie sind an solche sogar Ruderalflächen angepasst. Je fetter ein Boden ist, desto eher siedeln sich auch andere, nun eher unerwünschte Pflanzen an, die dann sehr dominant werden können. Auf das vorbereitete Beet wird nun das Saatgut locker ausgestreut: 2 bis 5 g pro Quadratmeter. Das ist sehr wenig. Am einfachsten ist es, die Samen mit feuchtem Sand zu mischen und händisch zu verteilen. Da unsere heimischen Pflanzen überwiegend Lichtkeimer sind, werden die Samen nicht eingearbeitet oder mit Erde bedeckt, sondern bleiben obenauf liegen. Sie werden lediglich angewalzt. Mit dem Wässern sollte man erst gar nicht beginnen, sondern abwarten, wie sich die Saat natürlich entwickelt. Standortgerechte, heimische Pflanzen sind bestens ans Klima angepasst.

SOMMER IM INSEKTENGARTEN

Nun ist die Hochsaison blühender Stauden und Wiesen, wobei sich in der ersten Hälfte des Sommers vor allem die Blüten heimischer Kräuter öffnen.

PFLEGE IM STAUDENBEET

Im Staudenbeet ist nun nicht viel zu tun. Es gibt allerdings die eine oder andere Staude, die nochmal nachblüht, wenn man ihre alten Blütenstände komplett zurückschneidet, beispielsweise Rittersporn oder Steppen-Salbei. Auch Gehölze müssen kaum umsorgt werden, einzig im Obstgarten beginnt nun die erste Erntezeit. Erdbeeren, Himbeeren, Johannisbeeren. Nicht schlimm, wenn man mit dem Ernten nicht hinterherkommt. Besonders Schmetterlinge und Wespen haben auch ihre Freude an den süßen, halb vergorenen Früchten.

PFLEGE IM GEMÜSEGARTEN

Der Sommer ist nicht die Jahreszeit für Anpflanzungen, außer im Gemüsegarten. Sobald kein Frost mehr zu fürchten ist, werden Bohnen und Erbsen gesteckt, und vorgezogene Pflänzchen wie Tomaten, Paprika, Kürbisse und Gurken ausgepflanzt. Dies kann je nach Jahr und Region auch schon im späten Frühjahr geschehen. Dann heißt es: wachsen lassen und gießen. Fruchtgemüse ist auf Bestäuber angewiesen, wenn wir eine reiche Ernte wol-

Sensen ist die insektenfreundlichste Art, eine Wiese zu mähen.

Sommer ist Beerenzeit: Rote Johannisbeeren beinhalten besonders viel Vitamin C.

Kräuter werden am besten am späten Vormittag geerntet, dann ist ihr Aroma am intensivsten.

len. Blütenbesuchende Insekten schlüpfen gerne in die Blüten von Stangenbohnen oder Zuckererbsen. Und die großen Blüten der Zucchini haben es besonders Hummeln angetan. Wenn man ihnen zusieht, hat man das Gefühl, sie würden im gelben Blütenstaub baden. Zwischen das Gemüse können noch ein paar Ringelblumen oder Kapuzinerkresse gesät werden. Gemüse, Blüten und Insekten – eine perfekte Symbiose.

WEITERENTWICKLUNG DER ANSAATENFLÄCHEN

Inzwischen sollten die Samen der im Frühling gesäten Wildblumenwiese gekeimt sein und wachsen. Wildblumensamen entwickeln sich langsam, man muss also viel Geduld mitbringen, die sich aber spätestens ab dem zwei-

Checkliste

DIE WICHTIGSTEN ARBEITEN IM SOMMER

- ☐ Im Staudenbeet unerwünschten Aufwuchs jäten, einzelne Stauden oder Teile davon bei Bedarf zurück schneiden
- ☐ Beeren ernten
- ☐ Kräuter ernten und trocknen
- ☐ Saatgut ernten
- ☐ Kletterpflanzen anbinden
- ☐ Schröpfschnitt bei Neuansaaten
- ☐ Mähen und Sensen der Wiesen
- ☐ Heu machen

01

02

ten Jahr auszahlt. Doch erfahrungsgemäß kündigen sich erst einmal unaufgeforderte Gesellen an, zum Beispiel die einjährige Gartenmelde, die die zarten Wiesenkeimlinge verdecken. Abhilfe verschafft ein Schröpfschnitt mit einem hoch eingestellten Rasenmäher. Die kleinen Keimlinge bekommen jetzt wieder Licht und werden wachsen.

WIESENPFLEGE MIT DER SENSE

Bei Wiesen steht im Frühsommer die erste Mahd an. Ein guter Indikator für den richtigen Zeitpunkt ist die leicht verblühende Margarite. Das Gras und die Kräuter stehen hoch, mit einem Rasenmäher ist an ein Durchkommen nicht mehr zu denken. Abhilfe verschafft die altbewährte Sense. Im Hausgarten hat sich in den letzten Jahren gezeigt, dass das Sensen wie dafür gemacht ist. Denn es erfüllt genau den Zweck, nämlich hohes Gras zu kürzen, auch in kleinen Bereichen, um Bäume und Sträucher. Und vor allem ist das Sensen eine Tiere und damit auch Insekten schonende Mahd-Methode. Wichtig dabei ist, sich eine gute, an die Körpergröße angepasste Sense zuzulegen. Gesenst wird am Morgen, wenn das Gras noch leicht feucht ist. Das erleichtert die Arbeit immens. Das abgeschnittene Gras sollte zu Heu bereitet werden. Bei einer Schönwetterphase einfach für maximal zwei Tage liegen lassen, ansonsten kann man einen Heubock bauen. Immer auch einen kleinen Streifen Gras stehen lassen, damit sich Käfer und Co. dorthin zurückziehen können. Diesen kürzt man erst beim nächsten Schnitt im Herbst ein. Das Trocknen von Gras hat noch einen weiteren Effekt: Samen fallen aus und werten die Wiese immer mehr auf, der Artenreichtum wird steigen.

HERBST IM INSEKTENGARTEN

Mit dem Kürzerwerden der Tage scheint auch die emsige Umtriebigkeit im Garten zurückzugehen. Dennoch ist der Herbst die wichtigste Vorbereitungszeit für den Winter.

PFLEGE IM STAUDENBEET

Im Herbst sollte im Staudenbeet hier und da Hand angelegt werden. Aber bitte nicht übertreiben! Es hat sich als nützlich und arbeitsentspannend herausgestellt, so viele abgestor-

03

01 Stauden sehen im Herbst schön aus und sind nützlich für die Insekten: einfach stehen lassen!

02 Im Herbst kommen die Zwiebeln der Frühlingsblüher in die Erde.

03 Von Wiesen wird nun dort, wo es notwendig ist, das Laub zusammengerecht.

bene Stängel, Blätter und alte Blütenstände wie möglich stehen zu lassen. Sie sind jetzt unersetzliche Rückzugsnischen und Futterplätze für den kommenden Winter. Für uns Gartenbesitzer stellt dies eine Gratwanderung zwischen dem persönlichen Ästhetik-Empfinden und dem, was der Natur gut tut, dar. Vieles von dem, was wir im Herbst stehenlassen, löst sich im Winter durch fleißige Zersetzer, oftmals Insekten auf. Wir haben damit weniger Arbeit und zugleich wird der Boden verbessert.

WIESE MÄHEN

Wärmende Herbsttage sollte man nutzen, vor dem Winter ein letztes Mal die Wiese zu schneiden. Dies ist erforderlich, da sonst der Bewuchs verfilzt, die Blütenkräuter ersticken, absterben und so zusätzlich unerwünschte Nährstoffe in den Boden eingebracht werden. Das Mahdgut entfernen und wie beim vorherigen Schnitt einen kleinen Bereich als Überwinterungsort für Insekten stehen lassen.

GEHÖLZE PFLANZEN

Der Herbst ist die beste Pflanzzeit für Gehölze. Jetzt stellen sich diese langsam auf den Winter ein, werfen ihre Blätter ab und gehen in Vegetationsruhe. All ihre Lebensenergie ist nun in den Wurzeln. Auch wenn wir in den nächsten Monaten den gesetzten Pflanzen nichts anmerken, unter der Erde tut sich viel: Die Wurzeln entwickeln sich und das Gehölz wächst an. Ein weiterer Vorteil bei der Herbstpflanzung ist die Wasserversorgung. Im Gegensatz zum Frühjahr, das auch mal sehr trocken ausfallen kann, ist im Herbst mit genügend Feuchtigkeit zu rechnen.

Checkliste

DIE WICHTIGSTEN ARBEITEN IM HERBST

- ☐ Letzte Wiesenmahd
- ☐ Stauden zurückschneiden
- ☐ Obst und Gemüse ernten
- ☐ Zwiebeln setzen
- ☐ Gehölze pflanzen
- ☐ Laub zusammenrechen
- ☐ Garten winterfest machen
- ☐ Überwinterungsorte schaffen

Jetzt ist auch der ideale Zeitraum zum Setzen von Rosen. Für Wildrosen oder Alte Rosen muss man sich an spezielle Züchter wenden, die ihre Ware vor allem wurzelnackt versenden. Diese Rosen wachsen am besten im Herbst an. So mickrig die Pflanzen anfangs auch wirken, schon im nächsten Sommer ergänzen die blühenden Rosen unseren Insektengarten. Aufpassen, dass die Pflanzen weder zu hoch noch zu tief in der Erde gesetzt werden.

BLUMENZWIEBELN SETZEN

Eine der wichtigsten Arbeiten im Herbst ist das Setzen von Blumenzwiebeln. Damit sind nicht nur die klassischen Frühjahrsblüher wie Krokusse oder Narzissen gemeint, welche am schönsten in einer Wiese zur Geltung kommen und sich vermehren können, sondern auch Sommerblüher wie der Zierlauch oder Lilien für das Staudenbeet. Wie bei allen Pflanzen sollte die Wahl des Standortes passen. Wild-Tulpen und die meisten Zierlauch-Arten sind nur auf trockenem, leicht steinigem Boden langlebig. Naturnahe Arten und Sorten auswählen!

LAUB

Die herabgefallenen Blätter sind wichtige Biomasse, die nicht entsorgt werden sollte. Im Staudenbeet beeinträchtigt das Laub kaum, doch auf der Wiese sollte es nicht über den Winter liegen bleiben. Am besten man recht es im Garten zu einem Haufen zusammen. Der Laubberg ist für viele Tiere ein wichtiger Überwinterungsplatz. Im Frühling wird dann einiges an Blattmasse zersetzt sein.

WINTER IM INSEKTENGARTEN

Der Gartenwinter ist weniger ein kalendarischer, sondern jeder Gartenbesitzer sollte aufmerksam das Wetter verfolgen und dann entscheiden, welche Arbeiten durchführbar sind. Die sehr kalte Witterung kann sich von Jahr zu Jahr um bis zu vier Wochen verschieben oder komplett ausfallen.

GEHÖLZSCHNITT

Der Spätwinter wird dazu genutzt, Bäume und Sträucher wieder in Form zu bringen. Vor allem der Obstbaumschnitt wird gerne in diese Jahreszeit gelegt, denn ohne Laub können die Bäume gut bewertet werden. Dementsprechend leichter tut man sich, den einen oder anderen Ast ganz zu entfernen oder zurückzuschneiden. Um Frostschäden an den Schnittflächen zu vermeiden, dürfen die Temperaturen nachts nur leicht unter die Nullgrad-Grenze fallen, maximal bis auf – 4 °C. Der Rückschnitt sollte aber unbedingt noch vor dem Austrieb stattgefunden haben, um dem Gehölz nicht zu viel Energie zu rauben. Das Schnittgut können Sie, wenn genügend Platz ist, zu einem Berg zusammentragen – als wertvolle Biotopstruktur. Am besten in einem schattigen Bereich, dann nehmen vor allem Käfer dies gerne an.

IM GEWÄCHSHAUS

Beschaulich ist das Gartenleben im Winter, nur im Gewächshaus sollte man mit den ersten Arbeiten anfangen. Schon nach dem Abräumen abgestorbener Pflanzen kann man Kompost und abgelagerten Mist in den Boden einarbeiten. So können die Zersetzer sich ans Werk machen und für anspruchsvolles Gemüse beste Wuchsvoraussetzungen schaffen. Im späten Winter beginnt man mit der Aussaat in Saatschalen und zieht die ersten Pflänzchen an. Es gibt inzwischen Bio-Saatgut-Produzenten und Gärtnereien, die sich um alte, fast vergessene Sorten kümmern. Durch die Vielfalt im Gemüsegarten unterstützt man zugleich die Insektenwelt.

SCHNEE UND KAHLFROST

Bei der richtigen Pflanzenauswahl stellt die kalte Jahreszeit kein Problem dar. Es gibt allerdings ein paar kleine Einschränkungen,

Gräser über den Winter stehen lassen und zum Schutz zusammenbinden.

Alte Blütenstände von Stauden wie dem Mannstreu sind im Winter schön und nützlich.

die man im zeitigen Winter beherzigen sollte. Wohnt man in einer Region, in der mit viel Schnee zu rechnen ist, sollten vor allem Kleingehölze wie Rosen vor der zu erwartenden Schneelast geschützt werden. Schnee bildet eine wunderbare Isolierschicht, welche die Pflanzen vor schädigendem Frost bewahrt. In Gebieten, in denen dies nicht der Fall ist und stattdessen mit Kahlfrösten zu rechnen ist, sollte man frostgefährdete Pflanzen wie Rosmarin einpacken. Gut eignet sich hierfür eine dicke Laubschicht, zusammengehalten von etwas Fichtenreisig. Sobald die tiefen Temperaturen vorbei sind, wird das Konstrukt wieder entfernt.

PLANUNGEN

Im Winter kann man seinen Garten einem Test unterziehen: Was fehlt noch alles um den Garten insektenfreundlicher zu gestalten. Die ruhige Zeit lässt sich dafür nutzen, Ideen zu entwickeln und Gartenbücher zu lesen, damit man nicht auf einmal vom Gartensaisonstart überrumpelt wird und ohne Konzept ins Gartenjahr starten muss. Gleichzeitig kann man sich jetzt um Materialien, Lieferanten und Bezugsquellen besonderer Pflanzen kümmern.

Checkliste

DIE WICHTIGSTEN ARBEITEN IM WINTER

- ☐ Überwinterungsplätze bauen
- ☐ Bäume fällen, sofern nötig
- ☐ Pflanzen vor Schneelast und Kahlfrösten schützen
- ☐ Werkzeug pflegen
- ☐ An frostfreien Tagen Gehölze schneiden
- ☐ Das nächste Gartenjahr planen und Saatgut bestellen
- ☐ Im Spätwinter im Gewächshaus Gemüse und Sommerblumen aussäen

INSEKTEN UND IHRE PFLANZEN

— *Porträts*

BIENEN
— *Nektar- und Pollensammler*

Neben der Honigbiene wurden in Deutschland 550 Wildbienen-Arten nachgewiesen. Die meisten sind Solitärbienen.

GARTEN-WOLLBIENE
— Anthidium manicatum

Lebensweise Häufig in Gärten anzutreffen. Der Name dieser großen Solitärbiene leitet sich davon ab, dass sie ihre Brutzellen aus gesammelter „Pflanzenwolle" baut. Die Brutzellen werden z. B. in Mauerritzen errichtet. Die männlichen Wollbienen haben ein ausgeprägtes Revierverhalten: Nähert sich ein anderes Männchen, wird dieses sofort attackiert und vertrieben. Ihre wespenähnliche Zeichnung unterstützt optisch ihr Verhalten.
Nahrung Wollbienen haben eine Vorliebe für Lippenblütler wie Taubnesseln oder Ziest, aber auch bei Schmetterlingsblütlern ernten sie Pollen und Nektar.
Kurioses Wollbienen schlafen bei gutem Wetter gerne draußen. Dafür beißen sie sich an einer Pflanze fest und lassen sich hängen. Je entspannter sie sind, desto lockerer.

GEHÖRNTE MAUERBIENE
— Osmia cornuta

Lebensraum Sie bevorzugt trockenwarme Bereiche wie Kiesgruben, ist aber auch in Siedlungsgebieten und sonnigen Gärten zu finden.
Lebensweise Diese solitär lebende Biene nimmt gerne Nisthilfen in Form von Röhrchen an, da ihre natürlichen Nistplätze längliche Löcher wie hohle Pflanzenstängel sind. Zum Verschließen der Brutzellen verwendet sie Lehm als Baumaterial. Sie ist leicht in Bienenhotels anzusiedeln.
Nahrung Die ausgewachsene Mauerbiene ernährt sich von Nektar und ist nicht spezialisiert, was ihrem Bestand zugutekommt. Die Larven benötigen Pollen und Nektar, welche die Weibchen beim Nestbau einlagern. Dazu tragen sie den Pollen nicht in „Höschen", sondern in speziellen Sammelbürsten am Bauch.

GEWÖHNLICHE LÖCHERBIENE

— Heriades truncorum

Lebensraum Die Art ist regelmäßig an Waldrändern, auf Waldlichtungen, Streuobstwiesen mit altem Baumbestand, in Hecken und Gehölzen, aber auch in Gärten anzutreffen. Sie ist eine der häufigsten Bienenarten, die man an künstlichen Nisthilfen finden kann. Sie nimmt gerne Löcher, Stängel von Schilf und Bambus an. Zudem kommt sie in den Bergen bis auf 1600 m vor.
Lebensweise Die Löcherbiene benutzt alte Fraßgänge in Totholz oder hohle Pflanzenstängel für den Nestbau (Innendurchmesser max. 3,5 mm). Darin werden die Brutzellen hintereinander angelegt, dazwischen mit gesammeltem Harz verschlossen.
Nahrung Auf Asterngewächse spezialisiert, aber auch alle verwandten Korbblütler werden als Pollen und Nektarspender angeflogen.

HOSENBIENE

— Dasypoda hirtipes

Lebensraum Auf offenen, sandigen Böden, an Wegerändern und in Sandgruben. Bieten Sie im Garten sandige Bereiche an und fördern Sie Korbblütler wie Wegwarte oder Habichtskraut!
Lebensweise Sie bauen ihre Nester in kleinen Kolonien. Die Brutzellen sind im sandigen Boden in einer Tiefe von bis zu 60 cm.
Nahrung Die Hosenbiene ist auf Korbblütler spezialisiert. Mit ihren sehr langen Haarbürsten an den Hinterbeinen können die Weibchen enorme Mengen an Pollen transportieren, die sie für die Brut benötigen. Dazu wird der Pollen noch mit Nektar vermengt und zu einem Kügelchen geformt. Damit dieser nicht verschimmelt, bekommt es noch kleine „Füßchen“. Am Ende erfolgt darauf die Eiablage und die Zelle wird verschlossen.

KEGELBIENE

— *Coelioxys* ssp.

Lebensraum Da Kegelbienen Kuckucksbienen sind, also Brutschmarotzer, leben sie dort, wo sich auch ihre Wirtsarten aufhalten. Dies sind meist sonnige und warme Bereiche. Wird die Wirtsart gefördert, unterstützt man auch die Kegelbiene.

Lebensweise Diese Solitärbiene ist unbehaart und kann somit keinen Pollen für ihre Brut tragen. Deshalb bedient sie sich der Nester anderer Wildbienen, in die sie ihre Eier ablegt. Neben dem Pollenvorrat der Wirtsart frisst die Larve am Ende auch das Ei des Wirtes.

Nahrung Eine ausgewachsene Biene muss ihren Eigenbedarf an Nektar direkt an der Blüte abdecken, doch ist sie nicht wählerisch. Ein breites Spektrum an guten Nektarpflanzen dient ihr als Nahrung.

BLAUSCHWARZE HOLZBIENE

— *Xylocopa violacea*

Lebensraum Diese auffällig große und schwarze Biene liebt warme, sonnige Areale, wo sich Totholz findet. Man kann sie an Streuobstwiesen oder am Rand von Siedlungen antreffen. Für ihren Nestbau sollte man ihr Totholzstrukturen zur Verfügung stellen.

Lebensweise Anders als die meisten anderen Wildbienen nagt die solitäre Holzbiene sich ihre Brutgänge in abgestorbenes Holz. Die Brutzellenwände verschließt sie mit feinen, verklebten Holzspänen.

Nahrung Pollen für die Brut befördert die Blauschwarze Holzbiene nicht nur an den Hinterbeinchen, sondern vor allem mit dem Kopf. Den Nektar sammelt sie an verschiedensten Pflanzen, bevorzugt aber an Schmetterlings- und Lippenblütlern.

WEIDEN-SANDBIENE

— Andrena vaga

Lebensraum Diese kleine Wildbiene benötigt offenen, lockeren Boden zum Siedeln, idealerweise Sandbänke von Flussauen. Im Garten an sonnigen Stellen Bereiche offen halten, mindestens 1 m^2, und dort Weiden pflanzen!

Lebensweise Sie fliegt sehr früh, schon ab Ende Februar. Die Weiden-Sandbiene ist zwar eine Solitärbiene, doch gräbt sie ihre Nester gerne in geselliger Umgebung in den Boden. So kann man auf kleinstem Raum viele Nester finden. An geeigneten Plätzen bilden sie regelrechte Kolonien.

Nahrung Sie sammelt vor allem den Pollen von Weiden, aber auch von Ginster oder Heiden. Um viel davon transportieren zu können, hat sie an den Hinterbeinen eine besonders dichte Behaarung und eine „Hüftlocke".

WESTLICHE HONIGBIENE

— Apis mellifera

Lebensraum Früher in Wälder lebend, heute in allen Lebensräumen zu finden.

Lebensweise Ein Bienenvolk besteht aus bis zu 80 000 Individuen. Honigbienen sind die am höchsten entwickelte Bienenart. Im Bienenstock herrscht Arbeitsteilung und Hierarchie. Die Königin ist nur noch für die Nachkommen zuständig und auf ihr Volk angewiesen. Bienen können sich verständigen (Schwänzeltanz).

Nahrung Die Honigbiene ist nicht auf eine Blütenform angewiesen. Aber sie ist blütenstet: Sie konzentriert sich bei einem Trachtflug auf eine Blütenart.

Besonderes Honigbienen sammeln Pollen und Nektar, sind aber auf den Imker angewiesen. Er muss sie auf den Winter vorbereiten und die Varroamilbe bekämpfen.

HUMMELN

— *Flauschige Gesellen*

Hummeln bilden kleine Staaten mit 50 bis 600 Tieren. Sie fliegen auch schon bei niedrigen Temperaturen.

ERDHUMMEL

— Bombus terrestris

Lebensraum In Mitteleuropa häufig auf offenem Gelände, aber auch an lichten Waldrändern anzutreffen. Sie ist nicht gefährdet.
Lebensweise Da Erdhummeln bei Temperaturen fliegen, bei denen Bienen noch nicht unterwegs sind, tragen sie wesentlich zur Bestäubung landwirtschaftlicher Kulturen bei. Von März bis Oktober kann man sie beobachten. Sie nistet unterirdisch, am liebsten in verlassenen Mäusenestern, aber auch unter Holzstapeln oder Dielen in Schuppen. Von allen heimischen Hummelarten ist ihr Volk am größten: Es kann bis zu 600 Tiere umfassen.
Nahrung Ab Mitte März fliegen die Königinnen aus und besuchen Weiden, Löwenzahn und Obstblüten. Die Männchen sammeln später wertvollen Pollen von Thymian und Disteln.

STEINHUMMEL

— Bombus lapidarius

Lebensraum Man sieht diese recht große Hummel oft auf offenem Gelände, Wiesen und vor allem in Gärten. Sie ist ziemlich häufig und nicht gefährdet.
Lebensweise Steinhummeln bauen ihre Nester sowohl ober- als auch unterirdisch. Das Nest ist mit einer Wachsschicht umschlossen, allerdings sehr einfach in seiner Konstruktion: Es gibt keine Wintervorräte wie bei der Honigbiene. Da es kaum Schutz bietet, geht jeder Hummelstaat bei starkem Frost ein. Nur ein paar begattete Jungköniginnen überstehen ihn in einer Winterstarre.
Nahrung Steinhummeln sind nicht sehr wählerisch, solange sie pollenreiche Blüten wie Löwenzahn, Disteln oder auch ungefüllte Rosen vorfinden.

WALDHUMMEL

— Bombus sylvarum

Lebensraum Anders als ihr Name vermuten lässt, lebt diese staatenbildende Hummelart nicht im Wald, sondern eher am Waldrand und auf offenen Flächen. Sie ist nicht ganz so häufig anzutreffen wie die anderen beschriebenen Arten.

Lebensweise Wie die meisten Hummeln baut sie ihre Nester sowohl ober- als auch unteririsch. So findet man diese sowohl weit oben in verlassenen Vogelnestern als auch unten in alten Mausegängen.

Nahrung Etwas später als andere Hummeln, ab Ende April, beginnen die Königinnen an Obstblüten oder Taubnesseln nahrhaften Pollen zu sammeln, die Männchen tun dies erst von August bis Oktober. Dann bilden Disteln und Korbblütler eine wichtige Nahrungsgrundlage.

WIESENHUMMEL

— Bombus pratorum

Lebensraum Diese sehr anpassungsfähige Hummel siedelt gerne auf Wiesen, wie ihr Name schon verrät. Aber auch an Waldrändern und vor allem in Gärten ist sie häufig zu finden.

Lebensweise Die Jungköniginnen, die den Winter überlebt haben, kann man ab Anfang März bei der Suche nach den ersten blühenden Pflanzen beobachten. In dieser Zeit beginnen sie auch schon mit dem Nestbau. Dieser kann sowohl unter- als auch oberirdisch erfolgen. Das Volk umfasst maximal 120 Individuen. So früh sich diese Hummeln im Jahr entwickeln, so zeitig verschwinden sie auch wieder. Ab Juli geht das Volk ein.

Nahrung Wie fast alle Hummeln sind Wiesenhummeln auf pollenreiche Blüten aus.

WESPEN UND HORNISSEN

— *besser als ihr Ruf*

Erst im Spätsommer, wenn die Wespen nicht mehr genügend Nahrung auf Blüten finden, nehmen wir sie vermehrt wahr.

DEUTSCHE WESPE

— Vespula germanica

Lebensraum Die Deutsche Wespe stellt an ihren Lebenseraum keine großen Ansprüche, deshalb ist sie häufig anzutreffen.
Lebensweise Im Laufe eines Sommers kann ein Wespenvolk auf bis zu 7000 Tiere anwachsen, doch sterben die meisten im Herbst. Jungköniginnen suchen den Winter über Schutz, um im nächsten Jahr ein neues Volk zu gründen.
Nahrung Wespen benötigen während der Aufzucht ihrer Brut nektarreiche Blüten, süße Früchte und jagen andere Insekten. Sie haben eine wichtige Funktion als Nützling in der „Insektenvertilgung".
Bemerkungen Die Deutsche Wespe nistet nicht, wie man oft denkt, in großen, hängenden Nestern, sondern sind lieber unter der Erde, z. B. in verlassenen Mauslöchern.

FELD-BLATTWESPE

— Tenthredo campestris

Lebensraum Sie besiedelt fast alle Landschaftstypen, sofern sie nicht zu trocken sind, am liebsten Waldränder und Hecken.
Lebensweise Diese Wespe legt ihre Eier meist in Gruppen an Wirtspflanzen ab. Die geschlüpften Larven werden oft mit Raupen von Schmetterlingen verwechselt. Sie ernähren sich von unterschiedlichsten Blättern, besonders gerne von Giersch.
Nahrung Erwachsene Feld-Blattwespen ernähren sich vorwiegend von Nektar, insbesondere von Doldenblütlern, aber auch von Pollen, Honigtau sowie kleinen Insekten.
Bemerkungen Echte Blattwespen sind reine Pflanzenfresser. Da sie nicht stechen können, täuschen sie mit leuchtenden Farben vor, gefährlich zu sein. Ihnen fehlt auch die typische Wespentaille.

GEMEINE GOLDWESPE

— Chrysis ignita

Lebensraum Sie lebt in trockenen, sonnigen Lagen. Die farbenprächtige Goldwespe ist sehr anpassungsfähig. Als Parasit hat sie sich nicht auf eine bestimmte Insektenart spezialisiert. So kommt sie recht häufig vor. An Totholz-Nisthilfen ist sie oft zu beobachten.
Lebensweise Goldwespen gehören mit ihrer irisierenden Färbung zu den schillerndsten Wespenarten. Sie senden Duftstoffe aus, um ihre Flugbahn zu markieren. Goldwespen führen ein parasitäres Leben. Die Weibchen schmuggeln ihre Eier in die Nester anderer Hautflügler wie Wildbienen. Die Wespenmade frisst aber nicht den Vorrat der Biene, sondern saugt die Bienenlarve an sich langsam aus, verpuppt sich dann und schlüpft als fertige Wespe aus dem Bienennest.

HORNISSE

— Vespa crabro

Lebensraum In lichten Wäldern oder in Siedlungsräumen.
Lebensweise Sie ist die größte bei uns lebende Wespenart. Hornissen sind sozial und bauen ihre kunstvollen Nester in hohle Bäume, aber auch gerne auf Dachböden. Diese ballonartigen Brutstätten werden oftmals über Jahre genutzt. Ein Hornissenvolk lebt weniger als ein Jahr und hat selten mehr als 200 Individuen. Nur die Königin überwintert. Hornissen sind friedlich. Ihre Stiche – wenn sie sich überhaupt verteidigt – sind nicht gefährlicher als die einer normalen Wespe.
Nahrung Meist jagen Hornissen Insekten wie Fliegen oder Wespen. Gegen Ende des Sommers ernähren sie sich aber auch von zuckerhaltigen Säften blutender Rindenstämme. Nur im Notfall besuchen sie Blüten.

KOTWESPE

— Mellinus arvensis

Lebensraum Sandige oder lehmige, offene Stellen, Böschungen und Wegeränder.
Lebensweise Besonders aktiv sind Kotwespen ab September, wenn die Weibchen ihre 30 cm tiefen Nester an warmen Böschungen bauen. Da sie als Larvennahrung Fliegen benötigen, halten sich Kotwespen an Orten auf, wo es diese gibt, zum Beispiel auf Doldenblüten oder Kuhfladen. Dort jagt das Wespenweibchen Fliegen, lähmt sie mit einem Stich und transportiert die Beute ins Nest. Diese dienen als Nahrungsvorrat für die Entwicklung der Larven.
Nahrung Kotwespen ernähren sich zwar nicht von Blütenpollen, besuchen aber sehr häufig Doldenblütler, womit sie letztendlich auch eine Bestäuberfunktion übernehmen.

MAUER-LEHMWESPE

— Ancistrocerus nigricornis

Lebensraum Sonniges Gelände, in Gärten, auf Wiesen und Brachen. Mit der richtigen Nisthilfe (z. B. hohle Pflanzenstängel, Bambusröhrchen) kann man sie leicht im Garten ansiedeln.
Lebensweise Diese solitär lebende Wespenart kann man schon ab März beobachten. Zum Nestbau nutzen die Weibchen kleine Hohlräume wie Pflanzenstängel. In schmalen Röhren werden hintereinander die Brutzellen angelegt. Am Schluss verschließt das Weibchen diese mit einem Lehmdeckel, welcher zusätzlich mit Holzraspeln getarnt wird.
Nahrung Ausgewachsene Tiere ernähren sich von Pollen, Nektar und Pflanzensäften und Honigtau. Die Larven benötigen proteinreiche Nahrung wie Raupen, welche schon beim Nestbau in die Brutzellen gelegt werden.

TÖNNCHENWEGWESPE

— Auplopus carbonarius

Lebensraum Diese Wespe besiedelt vor allem Mauern und Hauswände, ist aber auch in offener Landschaft zu finden. Um diese interessante Wespenart zu fördern, sollte man offene, lehmige Bereiche im Garten anlegen.
Lebensweise Tönnchenwegewespen bauen, wie der Name schon verrät, kleine, tonnenförmige Brutzellen. Dazu sammeln sie Lehm, um an geschützten Orten ihre kunstvollen Nester zu errichten. Als Larvennahrung dienen ausschließlich Spinnen. Dazu überwältigen die Wespenweibchen diese und beißen den Spinnen die Beine ab, um sie besser zurück zum Bau transportieren zu können.
Nahrung Ausgewachsene Tiere ernähren sich überwiegend von Pollen und Nektar.

ZIERLICHE FELDWESPE

— Polistes bischoffi

Lebensraum Diese Wespe bevorzugt offene, sonnige, feuchte Orte. Deshalb sieht man sie oft in der Nähe von Mooren.
Lebensweise Feldwespen sind sehr standorttreu. Ihre Nester sind klein und werden an Pflanzenstängeln befestigt. Eines besteht aus einer handtellergroßen Wabe ohne Hülle. Ein Volk umfasst zwischen 20 und maximal 50 Individuen.
Nahrung Die Arbeiterinnen ernähren sich hauptsächlich von kohlenhydratreichen Doldenblütlern wie der Wilden Möhre. Im Spätsommer, wenn die Nahrung knapp wird, werden einige zu Kannibalen und zerfleischen ihre Larve.
Bemerkungen Die Zierliche Feldwespe steht auf der Roten Liste, der Bestand scheint sich aber zu erholen.

SCHMETTERLINGE
— *Gaukler der Lüfte*

Zu den Schmetterlingen gehören Tagfalter – ca. 180 Arten in Deutschland – sowie fast 20 Mal so viele nachtaktive Falter.

C-FALTER
— Polygonia c-album

Lebensraum Lockere Wälder und Streuobstwiesen.
Lebensweise Die Flügel des C-Falters sind am Rand auffällig gezahnt. Schon ab Februar kann man ihn beobachten, da er, ähnlich dem Tagpfauenauge, als Schmetterling überwintert. Nach der Begattung legen die Weibchen jeweils immer nur ein Ei an die Futterpflanze, nie mehrere. Die stachelige Raupe lebt als Einzelgänger, sie ist schwarz-braun gestreift und hat ein auffällig weiß gefärbtes Hinterteil.
Futterpflanzen Die Raupe bevorzugt Blätter von Weide, Hasel, Ulme, aber auch von Stachel- und Johannisbeersträuchern. Den Falter sieht man an nektarreichen Gartenblumen wie Sonnenhut *(Echinacea)* oder Sommerflieder, aber auch auf süßem Fallobst.

DISTELFALTER
— Vanessa cardui

Lebensraum Offene und sonnige Bereiche.
Lebensweise Der Distelfalter gehört zu den typischen Wanderfaltern, manchmal kommt er in Massen vor. Seine Heimat ist Nordafrika, von wo aus er sich im Frühling auf den Weg über das Mittelmeer macht. In Südeuropa pflanzt er sich das erste Mal fort. Diese zweite Generation erreicht letztendlich Mitteleuropa. Nach ein bis zwei Generationen macht er sich wieder auf den Rückweg. Zum Überwintern scheint es ihm bei uns zu kühl zu sein. Die Raupen sind farblich recht variabel und was ihre Nahrung anbelangt nicht sehr wählerisch.
Futterpflanzen Große Brennnessel und unterschiedlichste Disteln *(Cirsium)*, aber auch Malven fördern die Larven. Der Falter saugt an Nektarpflanzen.

GAMMAEULE

— Autographa gamma

Lebensraum Auf offenem Gelände, Kulturflächen und in Gärten. Kommt recht häufig vor.
Lebensweise Wie die meisten Eulen ist auch die Gammaeule überwiegend nachtaktiv, wobei man sie in Ausnahmefällen auch untertags an nektarreichen Blüten antreffen kann. Die Gammaeule gehört zu den häufigsten Wanderfaltern. So fliegen die meisten vom Mittelmeer über die Alpen zu. Einige Individuen überwintern allerdings auch in wintermilden Gebieten wie dem Rheintal. Die Raupe entwickelt sich mit Vorliebe leider auch an Kulturpflanzen wie Salat oder Kohlarten. Sie ist grün und unauffällig.
Futterpflanzen Brennnessel, Luzerne und Wilde Möhre.

GROSSES OCHSENAUGE

— Maniola jurtina

Lebensraum Habitate dieses recht häufigen Augenfalters sind offene, mäßig feuchte Bereiche, Trockenwiesen oder Moore.
Lebensweise Das Ochsenauge fliegt nur in einer Generation: Zunächst legt das Weibchen an Gräsern einzelne befruchtete Eier ab, aus denen sich die Raupen entwickeln. Die Raupe überwintert, an frostfreien Tagen ist sie aktiv und frisst. Nach der Überwinterung ist die grün getarnte Raupe nachtaktiv, bis sie sich verpuppt.
Futterpflanzen Wie bei allen Augenfaltern benötigen die Raupen bestimmte Süßgräser als Futter, das Große Ochsenauge braucht die Aufrechte Trespe *(Bromus erectus)* oder den Schaf-Schwingel *(Festuca ovina)*. Naturnahe Wiesen im Garten enthalten diese.

GRÜNADER-WEISSLING

— Pieris napi

Lebensraum Waldränder, Hecken und feuchtere Wiesen.
Lebensweise Der Grünader-Weißling lebt in Gegensatz zu seinen Verwandten nicht in Kulturlandschaften. In Siedlungen ist er am ehesten in naturnahen, gehölzreichen Gärten zu finden. Seine Art bringt im Jahr zwei bis drei Generationen hervor. Das Weibchen hat zwei schwarze Flecken auf den Vorderflügeln. Die gut getarnten, grünen Raupen fressen nicht an Kohl oder anderen Gemüsearten. Sie sind schwer zu finden, stets an Blattunterseiten, meist bodennah.
Futterpflanzen Die Raupe liebt vor allem wilde Kreuzblütler wie Knoblauchsrauke, Wiesenschaumkraut oder Silberblatt, der Schmetterling nektarreiche Stauden.

KAISERMANTEL

— Argynnis paphia

Lebensraum Dieser größte heimische Perlmuttfalter lebt an sonnigen Waldrändern und blütenreiche Waldlichtungen.
Lebensweise Nur eine Generation im Jahr bestimmt ihr Leben. Männliche Falter haben ein ausgeprägtes Balzverhalten. Sie senden Lockstoffe aus und umschwirren das Weibchen, bis es zur Paarung kommt. Die befruchten Eier werden im unteren Stammbereich abgelegt. Die im Spätsommer frisch geschlüpfte Raupe muss überwintern. Im Frühling sucht sie nach ihrer Futterpflanze, wo sie sich schrittweise zum Schmetterling entwickelt.
Futterpflanzen Die dunkle, mit zwei gelben Streifen versehene Raupe frisst überwiegend Veilchen, aber auch Mädesüß.

KLEEWIDDERCHEN

— Zygaena lonicerae

Lebensraum Man trifft diesen zierlichen Falter am ehesten auf Magerrasen, verbuschten Wiesen und Waldsäumen an. Sein Verbreitungsschwerpunkt liegt in den niederen Lagen der Alpen.

Lebensweise Für den Laien mag das Kleewidderchen nicht sofort wie ein Schmetterling wirken. Im Gegensatz zu seinen nahen Verwandten lebt dieses eher alleine. Doch hat es eine gute Anpassungsfähigkeit, was ihm momentan den Erhalt sichert. Die Raupe ist hellgrün, mit schwarzen und gelben Tupfen und etwas behaart.

Futterpflanzen Die Raupen bevorzugen Klee, vor allem den Berg-Klee, aber auch Gemeinen Hornklee, der im Garten leicht anzusiedeln ist.

LABKRAUT-SCHWÄRMER

— Hyles gallii

Lebensraum Dieser dämmerungs- und nachtaktive Falter lebt auf sonnigen Schonungen und an warmen Waldrändern. Sein Verbreitungsgebiet erstreckt sich über ganz Europa bis in höhere Lagen der Alpen.

Lebensweise Dieser große Nachtfalter legt seine Eier einzeln an die Blattunterseiten von Labkrautpflanzen. Auch die Raupe frisst vorwiegend nachts, tags versteckt sie sich weiterhin. Die Raupe ist in der Jugend grün, später olivgrün bis fast schwarz mit gelben Flecken. Kopf und Horn sind rot. Als ausgewachsene Raupe zieht sie sich auf den Boden zurück. Dort baut sie ein lockeres Gespinst zur Verpuppung.

Futterpflanzen Vorwiegend Labkraut, aber auch Schmalblättriges Weidenröschen.

ROTKLEE-BLÄULING

— Polyommatus semiargus

Lebensraum Dieser noch recht häufige Bläuling ist an Waldsäumen und feuchten, blütenreichen Wiesen zu finden.
Lebensweise Die Weibchen legen nach der Paarung ihre Eier in die noch geschlossenen Blüten des Rot-Klees. Die Raupe ist gut getarnt, klein und hellgrün. Sie frisst zunächst nur die Kleeblüte, später auch Blätter. Wie viele andere Bläulinge lebt auch diese Art in Symbiose mit Ameisen. Dazu verströmt die Raupe den Geruch von Ameisenlarven. Die Ameisen tragen sie im Glauben, es sei ihre Brut, in ihr Nest und füttern diese bis zur Verpuppung. Dann schlüpft der Falter.
Futterpflanzen Die Raupe frisst ausschließlich am Rot-Klee, die Falter lieben auch andere Schmetterlingsblütler wie Weiß-Klee, Esparsette oder Luzerne.

SCHWALBENSCHWANZ

— Papilio machaon

Lebensraum Sonnige warme Wiesen, offenes Gelände und in Gärten.
Lebensweise Der Schwalbenschwanz gehört bei uns zu den größten und beeindruckendsten Tagfaltern und dabei ist er gar nicht einmal so sehr selten. Er legt seine Eier in Bodennähe, vor allem an Wilde Möhre oder Fenchel. Als Falter kann er über weite Strecken segeln, was vor allem für die Partnersuche wichtig ist. So schön der fertige Schmetterling ist, so faszinierend ist die Raupe: Sie ist grün, mit schwarzen und orangefarbenen Flecken.
Futterpflanzen Die Raupen lieben Doldengewächse, vor allem die Wilde Möhre. Siedelt man diese im Garten an, kann man mit ein wenig Glück auch bald die hübsche Raupe entdecken.

TAGPFAUENAUGE

— Inachis io, Aglais io

Lebensraum Verbreitet in Parks, Gärten und in Waldnähe.

Lebensweise Das Tagpfauenauge mag vielleicht der einzige Falter sein, der von den Eingriffen des Menschen profitiert. Denn seine Raupen sind auf Brennnesseln spezialisiert, die wiederum auf überdüngten Böden besonders gut gedeihen. Die Falter fliegen jährlich in zwei Generationen, die zweite überwintert in Kellern oder Höhlen. Diese sieht man im darauffolgenden Jahr schon ab März fliegen. Die Raupen, meist in Nestern, ernähren sich ausschließlich von der Großen Brennnessel.

Futterpflanzen In einem wilden Garteneck unbedingt Brennesseln wachsen lassen. Der adulte Falter saugt gerne am Schmetterlingsstrauch *(Buddleja)*, um sich für den Winter zu wappnen.

TAUBENSCHWÄNZCHEN

— Macroglossum stellatarum

Lebensraum Sonnige, trockene Orte wie Kiesgruben, Magerrasen, aber auch oft in Siedlungsbereichen.

Lebensweise Dieser Schwärmer ist ein Wanderfalter. Alljährlich überquert er die Alpen, um sich in Mitteleuropa fortzupflanzen. Dann fliegt er wieder in wärmere Gefilde. Die Raupe ernährt sich nur von Labkrautarten.

Futterpflanzen Wegen ihres extrem energieaufwändigen, kolibriartigen Flugverhaltens ist der Energieverbrauch enorm. Um ihn zu decken, benötigt ein Taubenschwänzchen hochwertige Nektarpflanzen. Da es einen langen Saugrüssel hat, kommt es an Nektar, wo andere Falter passen müssen. So befliegt es Gartenblumen wie Geranien, Stauden-Phlox, aber auch Spornblume und Lavendel.

LIBELLEN

— *elegante Flugkünstler*

Die Flügel der Kleinlibellen sind in der Ruheposition übereinandergelegt, die der Großlibellen immer ausgebreitet.

BLAUFLÜGEL-PRACHTLIBELLE

— Calopteryx virgo

Lebensraum Man findet die inzwischen sehr selten gewordene Libelle an sauberen Bächen mit niedriger Temperatur. Deshalb ist sie auch eher in nördlichen Regionen verbreitet. Ihre Larven leben in kleineren Fließgewässern, welche gut mit Sauerstoff versorgt sein müssen.

Lebensweise der Larven Sehr ungewöhnlich für ein Insekt entwickelt sich bei dieser Libelle im befruchteten Ei ein Larven-Embryo, welcher nach ungefähr einem Monat schlüpft. Die Larve lebt bis zu zwei Jahre im Wasser und ernährt sich dort vor allem von Mückenlarven.

... im Garten Blauflügel-Prachtlibellen brauchen ein sehr naturnahes, sauberes Gewässer. Der Randbewuchs sollte lückig und leicht besonnt sein.

FRÜHE ADONISLIBELLE

— Pyrrhosoma nymphula

Lebensraum Diese Libelle wird trotz ihrer auffällig roten Färbung oft nicht bemerkt, da sie sich am liebsten in dichter Ufervegetation von Weihern oder langsam fließenden Bächen versteckt.

Lebensweise der Larven Nach der Paarung, die nur bei sonnigem Wetter im Frühsommer stattfindet, legt das Weibchen die befruchteten Eier unterhalb der Wasseroberfläche auf Pflanzenteile ab. Die Larven entwickeln sich im Wasser. Dort überwintern sie auch. Im zeitigen Frühjahr schlüpft die Libelle – daher auch ihr Name.

... im Garten Die Larven der Adonislibelle können gut in Gartenteichen leben, vorausgesetzt man bietet den ausgewachsenen Libellen in einem Gartenbereich eine dichte Bepflanzung an.

FRÜHER SCHILFJÄGER

— Brachytron pratense

Lebensraum Diese kleinste heimische Edellibelle, früher auch als Kleine Mosaikjungfer bezeichnet, mag langsam fließende Gewässer, aber vor allem kleine Weiher oder Gräben mit schilfreichem Gewässerrand. Die ausgewachsene Libelle jagt gerne auf offenen Flächen zwischen Gehölzen. Sie wird maximal drei Monate alt.

Lebensweise der Larven Der weibliche Frühe Schilfjäger legt die Eier an frei schwimmenden, abgestorbenen Pflanzenteilen ab. Die Larven leben drei Jahre lang als Räuber zwischen dichter Unterwasservegetation. Bei Berührung stellen sie sich tot.

... im Garten Diese Liebellenart kann sich gut am Gartenteich entwickeln, da die Larve auch schon mal in etwas brackigerem Wasser zu finden ist. Wichtig ist eine Schilfzone.

PLATTBAUCH

— Libellula depressa

Lebensraum Die stark unterschiedlich gefärbten Libellen – braune Weibchen und bläuliche Männchen – trifft man an Pfützen oder offenen Tümpeln. Sie sind ausgezeichnete Flieger und Jäger. Sogar die Paarung findet im Flug statt.

Lebensweise der Larven Der weibliche Plattbauch legt die Eier im Flug in ein Flachgewässer. Nach einem Monat schlüpft das erste Larvenstadium. Diese sitzen zunächst im schlammigen Grund, graben sich dann aber ein und fressen Larven, Würmer und Krebstierchen. Sie überwintern dort auch. Trocknet eine Pfütze aus, gräbt sich die Larve noch tiefer ein.

... im Garten Der Plattbauch ist oft an neuen Teichen anzutreffen. Lehmige, offene Flachzonen sind für seine Larven unablässig.

KÄFER

— *unterschätzte kleine Krabbler*

In Mitteleuropa leben etwa 8000 Arten, die sich in zwei große Gruppen unterteilen lassen: Pflanzen- und Fleischfresser.

SIEBENPUNKT-MARIENKÄFER

— *Coccinella septempunctata*

Lebensraum Dieser wohl bekannteste Käfer ist ein Allrounder und recht häufig zu finden. Neben dem Siebenpunkt gibt es Marienkäfer mit mehr oder weniger Punkten, auch in anderen Farben. Nicht zu verwechseln mit dem bei uns eingeführten Asiatischen Marienkäfer, der inzwischen die heimischen Arten verdrängt.

Lebensweise Marienkäfer legen ihre Eier in die Nähe von Blattlauskolonien, welche den aus den Eiern geschlüpften Larven als Nahrungsgrundlage dienen. Bis zur nächsten Verwandlung fressen diese bis zu 600 Blattläuse. Doch auch die Käfer ernähren sich ausschließlich von Läusen.

... im Garten Sehr wichtige Nützlinge, die man gezielt mit einem Marienkäfer-Unterschlupf fördern sollte.

GOLD-ROSENKÄFER

— *Cetonia aurata*

Lebensraum Dieser prachtvoll schillernde Blatthornkäfer lebt an Waldrändern, aber auch in artenreichen Gärten. Er ernährt sich von Pollen, deshalb findet man ihn im Sommer auf pollenreichen Blüten wie Rosen. Er ist selten und geschützt.

Lebensweise Die weiblichen Gold-Rosenkäfer legen ihre Eier in morsches Holz, aber auch in Komposthaufen. Dort entwickeln sich gesellig die Larven. Nach zwei bis drei Jahren baut sich jede Larve einen Kokon aus Holz- oder Erdteilchen, aus dem der fertige Käfer schlüpft.

... im Garten Die gemächlichen Käfer sind gute Bestäuber. Mit pollenreichen Blüten kann man sie fördern. Leider werden die Larven im Kompost oft mit den gefürchteten „Engerlingen" verwechselt und vernichtet.

ZOTTIGER BIENENKÄFER

— Trichodes alvearius

Lebensraum Im Mai und Juni findet man diesen Buntkäfer in warmen Habitaten wie Trockenrasen oder sonnigen Gartenbeeten. Er sitzt gerne auf Doldenblüten, nicht nur wegen der Pollen. Hier lauert er auf kleine Insekten. Die Art steht auf der Roten Liste.
Lebensweise Das Weibchen dieses auffällig gezeichneten Käfers legt seine Eier in die Nester von Grabwespen oder Wildbienen – daher auch der Name. Die stark behaarten, rosa Larven ernähren sich von der Brut der Bienen, aber nicht der Honigbiene. Die Entwicklung bis zum Käfer dauert zwei Jahre.
... im Garten In einem strukturreichen Insektengarten mit Wildbienen und pollenreichen Blüten findet vielleicht auch der seltene und zu Unrecht gefürchtete Bienenkäfer eine neue Heimat.

GEMEINER WIDDERBOCK

— Clytus arietis

Lebensraum Häufig trifft man diesen Bockkäfer auf Waldlichtungen, aber auch in Gärten. Der erwachsene Widderbock ernährt sich hauptsächlich von Pollen. Oft kann man ihn auf Doldenblütlern wie Wiesen-Kerbel beobachten.
Lebensweise Die Lebenserwartung des Käfers liegt nur bei ein paar Wochen im Sommer, in dem auch die Paarung erfolgt. Das Weibchen legt die Eier in Totholz und trockene Äste, wo sich die Larven über zwei Jahre entwickeln. Sie richten keinen Schaden an.
... im Garten Der scheue und sehr hektisch fliegende Käfer wird oftmals mit einer Wespe verwechselt. Und das ist auch der Zweck der schwarz-gelben Färbung: furchteinflößend aussehen, obwohl man ganz harmlos ist – wird als Mimikry bezeichnet.

FELDMAIKÄFER

— Melolontha melolontha

Lebensraum Dieser ehemals häufige Blatthornkäfer bevorzugt Felder, Waldränder und Gärten. Die Larven benötigen einen lockeren, leicht feuchten Boden.
Lebensweise Frühling ist Paarungszeit. Danach legt das Weibchen die Eier in den Boden, aus denen sich die Larven, die Engerlinge, entwickeln. Dort unten leben sie für die nächsten vier Jahre, wo sie sich von Wurzeln ernähren, was zu Pflanzenschäden führen kann. Im drei- bis vierjährigen Turnus schlüpfen die Käfer, sogenannte „Maikäferjahre". Der Käfer ernährt sich von Laubblättern, am liebsten von Eichen und Buchen.
... im Garten Gezielter, großflächiger Insektizid-Einsatz machte dem Käfer den Garaus. Früher unvorstellbar, Engerlinge im Garten haben heute Seltenheitswert.

AMEISEN-SACKKÄFER

— Clytra laeviuscula

Lebensraum Dieser Blattkäfer besiedelt sowohl sonnige Waldränder als auch trockene Wiesen. Seine Nahrung sind außerdem auch Weiden, weshalb man ihn in Flussauen findet.
Lebensweise Der feuerrote Käfer, welcher scheinbar Giftigkeit signalisiert, legt seine Eier in die Nähe von Ameisennestern. Vorher werden die Eier noch mit Kot und Erde beklebt. Dies vermeintliche Baumaterial tragen die Ameisen in ihr Nest. Dort entwickelt sich die Larve in einem schützenden Kotsack. Ihre Nahrung ist die Ameisenbrut. Nach guten zwei Jahren schlüpft der Käfer.
... im Garten Viele Haus- und Gartenbesitzer sind nicht erfreut über Ameisen, vor allem an Terrassen. Solch ein Käfer könnte ein wenig für Ruhe sorgen. Weiden und Weißdorn fördern sein Dasein.

SCHECKHORN-DISTELBOCK

— Agapanthia villosoviridescens

Lebensraum Dieser Bockkäfer mit den typisch langen Fühlern lebt an Waldrändern, aber auch in vegetationsreichen Gärten. Er besiedelt krautige Hochstauden, keine Gehölze wie die meisten Bockkäfer.
Lebensweise Der recht häufige Distelbock lebt auf Brennnesseln, Disteln und Doldenblütlern, wo er sich überwiegend von Pollen und Nektar ernährt. Nach der Paarung bohrt das Weibchen mit seiner Legeröhre die hohlen Stängel der Stauden an, um dort die Eier abzulegen. Hier entwickeln sich die Larven und überwintern. Im folgenden Frühjahr schlüpft der fertige Käfer.
... im Garten In einem „wilden" Eck Brennnesseln und Disteln billigen und im Winter die Stauden als Überwinterungsplatz stehen lassen.

NASHORNKÄFER

— Oryctes nasicornis

Lebensraum Der imposante Nashornkäfer ist der größte Blatthornkäfer Europas. Das auffällige Horn, welches ihm den Namen gibt, trägt nur das Männchen. Er lebt normalerweise in stark zersetztem Holz und abgestorbenen Bäumen. Aber erfreulicherweise auch in Komposthaufen oder Rindenmulch.
Lebensweise Der stark unter Schutz stehende Käfer lebt nur ein paar Monate, die Larven hingegen benötigen drei bis fünf Jahre für ihre Entwicklung. Sie ernähren sich von Holz- und Pflanzenfasern, sogar Zellulose wie Papier können sie fressen und verdauen.
... im Garten Geben Sie altem und morschem Holz einen Platz. Beim Umsetzen des Komposthaufens aufpassen, um „Käfer-Puppen" oder die großen, weißlichen Larven nicht zu stören.

SERVICE

ZUM WEITERLESEN

INSEKTEN

Bellmann, Heiko: **Der Kosmos Insektenführer.** Kosmos

Bellmann, Heiko: **Welches Insekt ist das?** Kosmos

Bellmann, Heiko: **Kosmos Schmetterlingsführer.** Kosmos

Gerstmeier, Roland: **Welcher Schmetterling ist das?** Kosmos

Günzel, Wolf Richard: **Das Insektenhotel.** Pala Verlag

Hard, Karl Wilhelm und Severa, František: **Der Kosmos Käferführer.** Kosmos

Hecker, Frank: **Wer summt denn hier?** Kosmos

Helb, Matthias: **Insekten überlebensgroß.** Kosmos

Markus, Mario: **Unsere Welt ohne Insekten. Ein Teil der Natur verschwindet.** Kosmos

Ulrich, Rainer: **Wer flattert hier?** Kosmos

Westrich, Paul: **Wildbienen – die anderen Bienen.** Verlag Dr. Friedrich Pfeil

IMKERN

Bienefeld, Kaspar: **Imkern Schritt für Schritt.** Kosmos

Faß, Sebastian und Graf-Faß, Katrin: **Imkern. Modern, bienengemäß, effizient.** Kosmos

Hemmer, Cornelis und Hölzer, Corinna: **Wir tun was für Bienen.** Kosmos

Miltenberger, Tobias: **Ökologische Bienenhaltung. Das Praxisbuch.** Kosmos

Ott, Martin: **Bienen verstehen – der Weg durchs Nadelöhr.** FONA Verlag

Pritsch, Günter: **Bienenweide.** Kosmos

Tautz, Jürgen: **Phänomen Honigbiene.** Spektrum Akademischer Verlag

NATURNAH GÄRTNERN

Beck, Angela: **Steingärten und Trockenmauern.** Kosmos

Fedders, Mareike: **Tierisch guter Garten.** Kosmos

Hintermeier, Helmut und Margit: **Streuobstwiesen – Lebensraum für Tiere.** Obst- und Gartenbauverlag

Hutter, Claus-Peter: **Obstwiesen.** Kosmos

Kern, Simone: **Wild & Bunt.** Kosmos

Neumeier, Monika: **Igel im Garten.** Kosmos

Oftring, Bärbel: **Ein Garten für Tiere.** Kosmos

Oftring, Bärbel: **Tierisch guter Balkon.** Kosmos

Throll, Angelika: **Was blüht im Garten?** Kosmos

NÜTZLICHE ADRESSEN

VEREINE UND VERBÄNDE

www.arche-noah.at
→ Gesellschaft für die Erhaltung der Kulturpflanzenvielfalt: Saatgut, Schaugarten, Kurse, Seminare, Publikationen

www.bluehende-landschaft.de
→ Das Netzwerk erfasst und entwickelt insektenfreundliche Bewirtschaftungskonzepte

www.bund.net
→ Bund für Umwelt und Naturschutz: Tipps und Publikationen

www.deutscherimkerbund.de
→ Förderung und Verbreitung der Bienenhaltung zur Erhaltung einer artenreichen Natur

www.deutschland-summt.de
→ Bienen-Infocenter über Honig- und Wildbienen, bienenfreundliches Gärtnern, biologische Vielfalt und Stadtnatur, Veranstaltungen

www.mellifera.de
→ Initiative für ökologische und wesensgemäße Bienenhaltung, Blog, Seminare, Kurse

www.nabu.de
→ Naturschutzbund Deutschland: Informationen zu Natur- und Umweltthemen

www.permakultur-akademie.net
→ Weiterbildung zum Permakultur-Designer/-Gestalter, Literatur, Artikel, Projekte

www.sensenverein.de
→ Kurse, ServiceCenter, Verkauf

www.ven.de
→ Verein zur Erhaltung der Nutzpflanzenvielfalt. Kulturanleitungen, Saatgut (1 800 Sorten)

www.wildbienenschutz.de
Informationen über den Schutz von Wildbienen, Hummeln und Hornissen

NATURSCHUTZPRODUKTE

www.insekten-hotels.de
→ Bauanleitungen und Bausätze für Insektenhotels, Videos

www.naturschutzcenter.de
→ Nistkästen und Nisthilfen für Insekten, Vögel, Säugetiere; Saatgut, Dünger

www.vivara.de
→ Spezialist für Naturschutzprodukte, z. B. Insektenhotels, Nistkästen

PFLANZEN UND SAATGUT

www.allgaeu-stauden.de
→ Bioland-Gärtnerei für Stauden, Kräuter, Gräser, Farne, Rosen, Kollektionen

www.bingenheimersaatgut.de
→ Ökologisches Saatgut von Gemüse, Kräutern und Blumen

www.bio-kraeuter.de
→ Biogärtnerei im Allgäu mit großem Kräuter-, Gemüse- und Blumensortiment und Sämereien

www.blumenschule.de
→ Naturland-Gärtnerei mit Duft-, Tee-, Heil- und Räucherpflanzen, Stauden, Gemüse, Wildobst, Saatgut, Zubehör, Veranstaltungen

www.dreschflegel-saatgut.de
→ Bio-Saatgut: Gemüse, Kräuter, Blumen, alte Arten und Sorten

www.gaertnerei-strickler.de
→ Kräuter- und Wildpflanzen-Gärtnerei: Stauden, Kräuter, Wildgemüse, Wildrosen, Historische Rosen, Kletterpflanzen, Gehölze, Gräser, Farne, Obststräucher, Blumenzwiebeln, Blumen- und Kräutersamen

www.helenion.de
→ Kräutergärtnerei in der Uckermark: 700 Kräuter, Wild- und Kulturpflanzen, Rezepte

www.herb-s.de
→ Bioland-Kräutergärtnerei und Pflanzenversand, Gartenschule

www.hof-berggarten.de
→ Bioland-Gärtnerei: Kräuter, Duftpflanzen, Stauden und Sämereien, Schaugarten

www.manufactum.de
→ Kultur- und Wildobst, Rosen, Gemüse, Blumen, Blumenzwiebeln, Saatgutmischungen

www.mollstauden.de
→ Mehr als 1000 Staudensorten aus eigener Anzucht

www.pflanzentreml.de
→ Bio-Versandgärtnerei in Niederbayern mit großem Kräutersortiment und Raritäten, Gemüse (alte Sorten, v. a. Tomaten), Tees

www.rosen-kalbus.de
→ Moderne und historische Rosen, Kletterrosen, Wildrosen, Clematis, Veranstaltungen

www.rosenschule.de
→ Bioland-Rosenschule Ruf: Rosen (auch viele Windrosen-Arten) und Rosenbegleitpflanzen, Seminare und Events

www.ruehlemanns.de
→ Kräuter- und Duftpflanzengärtnerei in Niedersachsen mit 1 300 Kräuterarten und -sorten, Gestaltungstipps und Seminare

www.sativa-biosaatgut.de
→ Biologisches Saatgut für Gemüse, Kräuter, Blumen, Gründüngungen

www.staudengaissmayer.de
→ Bioland-Gärtnerei mit über 3 000 Arten und Sorten von Stauden, Kräutern, Duftpflanzen, Raritäten. Pflanzenpakete

www.staudenspatz.de
→ Bioland-Gärtnerei mit großem Staudensortiment sowie Kräutern und Zwiebelpflanzen, Schaugarten

www.stauden-kopf.at
→ Bio-Austria-Gärtnerei in Österreich/Vorarlberg: Stauden, Kräuter, Zwiebelblumen, Gehölze, naturnahe Rosen, Einjährige, Wasserpflanzen. Garten- und Kompostkurse

www.syringa-samen.de
→ Biogärtnerei mit Saatgut und Pflanzen: Duftpflanzen, Kräuter, Blumenwiesen, Blumenzwiebeln, Gemüse. Gartentipps, Schaugarten, Veranstaltungen

www.rieger-hofmann.de
→ Samen und Pflanzen gebietsheimischer Wildblumen und -gräser aus gesicherten Herkünften

REGISTER

BILDNACHWEIS

Mit 190 Farbfotos von Arco images /FLPA: 103 li.; Fauna Press/Animal Images: 15 o.re.; 15 u.li., 15 u.re.; Fauna Press/BIOSPHOTO: 52 (beide), 56; Fauna Press/natureinstock: 62; Flora Press/BIOSPHOTO: 55 Mi.; Flora Press/David Dixon: 38 Mi.re.; Flora Press/Edition Phönix: 40 Mi.li.; Flora Press/EWA Stock Photo Library: 50 re.; Flora Press/FLPA: 12 li.; Flora Press/Christine Ann Föll: Klappe außen vorne, 37 li., 86 Mi.; Flora Press/Tim Gainey: 26 o.li.; Flora Press/Daniela Kunze: 20/21; Flora Press/Ursula Pechloff: 11. o.re., 96/97; Flora Press/Sibylle Pietrek: 40 u.; Flora Press/Royal Horticultural Society: 25 li., 88 u.re.; Flora Press/JS Sira: 79 o.re.; Flora Press/Gary Keith Smith: 38 u.re.; Flora Press/Nicola Stocken Tomkins: 26 o.re.; Gartenschatz, Stuttgart: Klappe innen vorne (Bartblume, Ginster), Klappe innen hinten (Malve); Gartenschatz/Heiko Bellmann, Stuttgart: Klappe innen vorne (Holunder, Kornelkirsche); Simone Kern, Argenbühl: Klappe innen vorne (Rose), 6/7, 9 (beide), 13, 16, 16/17, 17 u., 21, 31 u., 32 Mi., 37 o.re., 40 Mi.re., 46, 47, 48 o., 49 Mi., 49 u., 54, 57, 59 li., 59 o.re., 65 re., 68, 70, 72 o., 72 u., 75, 76 (beide), 77 (beide), 84 li., 84 re., 87, 92 li., 100 re., 101 li., 103 re., 104 re., 107 re., 108 re., 109 re., 110 (beide), 111 li., 113 li., 116 re., Klappe innen hinten (Aster, Glockenblume, Sonnenhut, Sterndolde, Salbei, Diptam, Katzenminze, Fetthenne); Günter Klößinger, Flachslanden: 17 o., 98 li., 98 re., 99 li., 99 re., 100 li., 101 re., 102 li., 102 re., 104 li., 105 li., 105 re., 106 li., 106 re., 107 li., 108 li., 109 li., 111 re., 112 (beide), 113 re., 114 (beide), 115 (beide), 116 li., 117 (beide), 118 (beide), 119 (beide); Simone König, A-Dornbirn: Klappe außen hinten; Dr. Karl Heinz Ludwig, München: 91 li.; Dirk Mann, Dresden: 32 o.re., 50 li., 80/81, 86 li., 93; Sibille Victoria Müller, Raubach: 30/31 o., 88 Mi.re.; Kerstin Mumm, Braunschweig: 25 re., 32 u., 33 o., 33 u., 37 Mi.re., 39 re., 51; Reinhard-Tierfoto/Reinhard, Nils, Heiligkreuzsteinach-Eiterbach: 23 Mi., 23 u.; Manfred Ruckszio, Taunusstein: 15 o.li., 44 o.re.; Shutterstock/Chernyshkova Natalia: 23 o.; Shutterstock/images72: Klappe innen vorne (Apfel); Shutterstock/R. de Bruijn_Photography: 8; Shutterstock/RukiMedia: 53 re.; Shutterstock/SuratwadeeKarkkainen: Klappe innen hinten (Kugeldistel); Roland Spohn, Engen: Klappe innen vorne (Pfeifenstrauch); Friedrich Strauss Gartenbildagentur/Strauss, Friedrich: 92 re.; Annette Timmermann, Kalübbe: 2, 4, 11 li., 11 M.re., 12 re., 18/19, 26 u., 29, 31 Mi.re., 35, 39 li., 40 o.re., 40 o.li., 41, 42/43, 44 o.li., 44 Mi.li., 44 Mi.re., 44 u., 48 u., 53 li., 55 o., 59 Mi.re., 60/61, 62/63, 63, 65 o., 66, 72 Mi., 78/79 o., 79 u., 79 Mi.re., 83 o., 83 Mi., 83 u., 85 li., 85 re., 86 re., 89 o., 89 u., 91 o.re., 91 Mi.re., 95 li., 95 re.

IMPRESSUM

Umschlaggestaltung von Bea Klenk, Berlin, unter Verwendung von 2 Farbfotos von GAP Photos/Sarah Cuttle (Umschlagvorderseite: Große Sterndolde, *Astrantia major* 'Roma') sowie GAP Photos/Carole Drake (Umschlagrückseite: Hummel an Kratzdistel).

Mit 190 Farbfotos.

Alle Angaben in diesem Buch sind sorgfältig geprüft und geben den neuesten Wissensstand bei der Veröffentlichung wieder. Da sich das Wissen aber laufend in rascher Folge weiterentwickelt und vergrößert, muss jeder Anwender prüfen, ob die Angaben nicht durch neuere Erkenntnisse überholt sind. Dazu muss er zum Beispiel Beipackzettel zu Dünge-, Pflanzenschutz- bzw. Pflanzenpflegemitteln lesen und genau befolgen sowie Gebrauchsanweisungen und Gesetze beachten.
Die Blütenfarben sind sortenabhängig, daher können auch Farben auf dem Markt sein, die im Buch nicht genannt werden. Die Blütezeiten sind ebenfalls sortenabhängig, aber auch klima- und standortabhängig. Die angegebenen Wuchshöhen und -breiten der Pflanzen sind Mittelwerte. Sie können je nach Nährstoffgehalt des Bodens variieren. Verschiedene Sorten können deutlich größer oder auch kleiner wachsen als die Art.

Unser gesamtes Programm finden Sie unter **kosmos.de.**
Über Neuigkeiten informieren Sie regelmäßig unsere
Newsletter, einfach anmelden unter **kosmos.de/newsletter**

Gedruckt auf chlorfrei gebleichtem Papier

ISBN 978-3-440-17059-5
Projektleitung: Carolin Küßner
Bildredaktion: Carolin Küßner
Gestaltungskonzept: Peter Schmidt Group GmbH, Hamburg
Gestaltung und Satz: Katrin Kleinschrot, Stuttgart
Produktion: Klaus Jost
Printed in Austria/ Imprimé en Autriche

print 4 climate®

– produziert nach den Richtlinien des Österreichischen Umweltzeichens, Gugler GmbH, UW-Nr. 609, www.gugler.at

PurePrint®
innovated by gugler* DruckSinn
Gesund. Rückstandsfrei. Klimapositiv.
drucksinn.at

NABU
Giftfrei Gärtnern tut gut …
… Ihnen und der Natur.
Informieren Sie sich hier und nutzen Sie Ihre Chance!
Weitere Infos unter www.NABU.de/giftfrei
NABU/A. Wolff

Insektenfreundliche STAUDEN

Raublatt-Aster *Aster novae-angliae* 'Purple Dome'
Robuster Pollen- und nektarreicher Herbstblüher für sonnige Standorte, der Bienen und Schmetterlingen vor dem Winter wichtige Nahrung liefert.

Wald-Glockenblume
Campanula latifolia var. *macrantha*
Neben ihrem reichen Nektarangebot nutzen Wildbienen die Blüten als Schlafplatz. Diese weiße Form 'Alba' ist attraktiv für schattige Beete.

Purpur-Sonnenhut
Echinacea purpurea
Schmetterlinge lieben diese Staude aus Nordamerika wegen ihres Nektarreichtums.
In guter Gartenerde gedeiht sie am besten, sie ist leider auch bei Schnecken beliebt.